30の名城からよむ日本史

安藤優一郎

はじめに

幕府が築いた日本初の西洋式城郭である五稜郭は、なぜ五角形だったのか？
朝廷は、なぜ多賀城に国府を置いて東北支配の拠点としたのか？
家康によって築城された当初の江戸城には、なぜ二つの天守があったのか？
日清戦争の際に、なぜ広島城内に大本営が置かれたのか？

江戸時代が終わるまで、城は大小問わず軍事施設であり、権力者の象徴だった。城が質的にも量的にも大きく飛躍を遂げたのは、戦乱の時代つまり戦国時代だったことはいうまでもない。その過程を追った城郭史という研究分野もある。

しかし、城は合戦の舞台として歴史に登場するだけではない。城を舞台に繰り広げられた人間ドラマが歴史上の出来事となることも少なくない。尾張清洲城で開かれた清洲会議は、信長亡き後の権力闘争の舞台であり、秀吉が天下統一に邁進する場となった。

城の構造ではなく、その場所に築城した理由に注目することで権力者の意図や支配の方式が見えてくることもある。なぜ信長は安土に、秀吉は大坂に、家康は江戸に城を築いたのか。彼らが目指した国造りのグランドデザインが透けてくる。

一方、泰平の世の江戸時代に入ると、軍事施設たる城は幕府の命により減らされる。城よりも城下町の整備に力が注がれ、むしろ政治・経済・文化の拠点としての性格を色濃くする。

そして、戊辰戦争（明治維新）を経ることで城は軍事施設としての意義を失う。甚大な破壊力を有する大砲の前には無力だったからだ。明治に入ると、無用の長物として次々と取り壊されていった。

ところが、往時のままとは限らないが、観光振興のシンボルとして再生される流れが近年顕著となっている。城の象徴・天守閣の再建がメインだが、城下町の復元というレベルでの再建も粘り強く展開されているのが昨今の情勢だ。城ブームは衰えることを知らない。

一連の城ブームは、世代を越えて城への関心が高まっていることを示すものに他ならない。歴史への関心を呼び起こすきっかけとなっている。

なぜ、ここに城があるのか。城を舞台にどんな出来事が起きていたのか。城を介して歴史を読み解こうという試みである。

本書はこうした動向を踏まえ、30の名城を切り口に歴史を読み解くことで、学校では教えられることがなかった日本史の意外な事実の数々を明らかにする。

本書執筆にあたっては日本経済新聞出版社ビジネス人文庫編集長桜井保幸氏、編集担当の野崎剛氏の御世話になりました。末尾ながら、深く感謝いたします。

二〇一八年十一月

安藤優一郎

目次

五《ご》稜《りょう》郭《かく》

なぜ幕府は日本最初の西洋式城郭を築いたのか

戊辰戦争の終焉地

明治二年（一八六九）五月十八日、箱館五稜郭に籠もっていた榎本武揚を将とする旧幕府陸海軍の将兵は明治新政府軍に降服し、一年半近く続いた戊辰戦争は終わった。

五稜郭は、元治元年（一八六四）に幕府が開港場箱館に築城した西

所在地	北海道函館市
城郭構造	稜堡式
築城主	江戸幕府
築城年	慶応2年（1866）

洋式の城郭（土塁）のことである。日本の城郭といえば、城主の権力を示すものとして天守閣などの高層建築が築かれるのが定番だった。しかし、五稜郭では防禦力強化のため堡塁を星形に配置した西洋式の城塞（星形要塞）の構造が取られる。天守閣などはなかった。

銃砲などの火器が著しく発達したことを受け、日本式の城郭は既に軍事施設としての意義を失っていたのである。高層建築だと、逆に攻撃目標になりやすかった。五稜郭の誕生から終焉までの歴史を追うことで、日本でも天守閣を象徴とする城郭が要塞へと転換していく過程に迫る。

箱館奉行所の復活

嘉永七年（一八五四）三月三日、幕府は東海道近くの横浜村でアメリカとの間に日米和親条約を締結した。いわゆる開国である。その後、イギリスやフランスなどヨーロッパ諸国とも同様の条約を結ぶ。

和親条約では、伊豆国の下田と蝦夷地（後の北海道）の箱館の二港を開くと約していた。それに伴い、開港場となった下田と箱館には外国船が入港し、諸外国の領事も駐在するようになったため、幕府は下田と箱館に外交官を置く。下田・箱館両奉行が開港場の管理・防衛に加え、外交事務も執った。

安政五年（一八五八）六月十九日には日米修好通商条約が締結され、日ならずして、イギリスなど四カ国とも同様の条約が結ばれた。ここに欧米諸国との自由貿易が開始されるが、通商条約では四港を新たに開くことも取り決められていた。

箱館港に加えて神奈川（横浜）、長崎、新潟、兵庫の四港を開くと約したが、下田港は閉鎖と決まる。なお、閉鎖といっても外国船が入港できなくなったという意味であり、国内船が下田に入港するのは可能だった。

幕府は箱館に奉行所を置いたことがあった。当時、蝦夷地の支配は福山城を居城とする松前藩に委任していたが、かつて幕府が蝦夷地を直轄した時代に、箱館に奉行所が置かれる。享和二年（一八〇二）のことである。

その後、奉行所は松前に移転して松前奉行所となり、箱館奉行所は廃止されるが、和親条約による箱館開港に伴い復活する。安政三年（一八五六）、函館山の麓で奉行所が開庁となる。

五稜郭の誕生

しかし、箱館に着任した奉行の堀利熙は奉行所の立地環境に強い不安を抱く。海に近い場所にあるため、外国軍艦による艦砲射撃を受ければひとたまりもない。函館山に登れば、外国人でも奉行所の内部が一望できてしまう。現在地のままでは防禦力に自信が持てないばかりか、奉行所ひいては幕府の御威光にマイナスでしかないと懸念したのだ。

そこで、堀は現在地よりも内陸部の亀田に奉行所を移転することを幕府首脳部に上申する。箱館の防備を固めるため、台場の建設も合わせて上申した。台場とは海防用の砲台のことである。

堀の上申は認められ、安政三年より弁天岬で台場の建設が開始される。翌四年（一八五七）からは奉行所の建設もはじまった。

その設計にあたったのは、洋学者で伊予大洲藩士の武田斐三郎という人物だ。幕府にその能力が買われた武田は、当時、箱館奉行所詰の身であった。

箱館にやって来たフランスの軍人を通じ、武田はヨーロッパで発達した土塁に関する軍事知識を得る。土塁とは土を盛り上げて築いた砦のことだが、ヨーロッパでは小銃や大砲などの火器の発達に応じる形で防禦力を高める工夫が施されていた。ヨーロッパでも日本と同じく、石で築かれた高い城壁で城は守られていたが、大砲の射程が延び、その威力が増すと、高い分だけ攻撃目標になりやすくなる。その上、砲弾により破壊された石が多くの兵士たちを負傷させた。

よって、城壁は次第に低くなっていく。それも石ではなく土で築かれた結果、ヨーロッパの城郭では土塁が主流となる。その外側には堡塁と呼ばれた陣地が造られ、互いに擁護しあい、攻撃に際しては死角を生まないよう設計されるのが定番だった。

堡塁が星形に配置されることで防禦力を発揮したのだ。城郭というより要塞である。こうしたヨーロッパの現状を踏まえた上で、武田は奉行所を西洋式の要塞に造り変えていく。具体的にみてみよう。

まず、奉行所の周囲に堀を造成し、その揚げ土で土塁を築いた。堀や土塁が崩れ落ちないよう石垣が積まれたが、蝦夷地の冬の寒さがその理由だった。すぐに堀や土塁が凍り付いて崩れやすかったからである。

その後、五カ所の堡塁（稜堡）が星形に築かれ、五角形の城郭すなわち五稜郭が出

西洋式の要塞だった五稜郭

来上がる。その広さは、堀を除くと約十二万五千五百平方メートルであった。

各堡塁の間には「半月堡」と呼ばれた三角形状の堡塁を五カ所築くことで、防禦力のアップを目指すが、予算不足により半月堡は一カ所にとどまる。その分、防禦力が低下することは否めなかった。

堡塁により囲まれた土塁の内側には、建坪約三千平方メートルにも及ぶ奉行所の建物が建設された。元治元年六月に建物はほぼ完成。九月には弁天台場も完成するが、五稜郭の郭内工事や付属建物がすべて完成したのは慶応二年（一八六六）のことである。

しかし、五稜郭の終焉の時はすぐそこま

で迫っていた。

五稜郭陥落

慶応三年（一八六七）十一月九日、前将軍徳川慶喜の大政奉還により幕府が消滅したのを受け、京都では天皇をトップとする新政府が薩摩藩など五藩によって樹立された。新政府から慶喜が排除されたことに激高した徳川方は、翌四年（一八六八）一月三日に鳥羽・伏見で薩摩・長州藩と激突するも敗れる。慶喜は朝敵に転落した。

西日本の諸藩を帰順させた新政府は、慶喜追討のため東征軍を江戸へ向かわせる。日ならずして東日本の諸藩も帰順させていくが、蝦夷地には閏四月五日に箱館裁判所総督に就任した侍従清水谷公考が派遣される。五月一日、着任した清水谷は箱館奉行所を接収して事務を引き継ぎ、ここに箱館裁判所（箱館府）が開庁となる

九月八日、慶応が明治と改元される。同二十二日には会津藩も降伏し、東北での戊辰戦争は事実上終わりを告げる。ところが、十月二十日に旧幕府海軍副総裁の榎本武揚率いる艦隊が徳川家の陸軍将兵など約二千を乗せ、蝦夷地に上陸してきた。

同二十五日、箱館を守りきれないと判断した清水谷は青森へと脱出し、榎本軍は箱館すなわち五稜郭を占領する。十一月五日には松前藩の福山城も陥落させ、蝦夷地を制圧した。

十二月十四日、榎本は蝦夷地領有を箱館駐在の各国領事に宣言する。翌十五日には榎本が総裁、大鳥圭介、土方歳三たちが各奉行に選出される。いわゆる蝦夷共和国の誕生だ。

よって、新政府は蝦夷地に討伐軍を派遣する。明治二年四月九日に蝦夷地への上陸に成功した新政府軍は、十七日に福山城を奪還。五月十一日より、箱館への総攻撃を開始した。

榎本軍は善戦するも、新政府軍の圧倒的な火力の前になす術がなかった。新政府軍にとり脅威だった開陽などの新鋭艦を失っていたことも大きかった。十二日からは五稜郭に向けて艦砲射撃も開始され、甚大な被害を受ける。

五稜郭からは、箱館港に入った新政府軍の軍艦に向けて二十四ポンドカノン砲などが放たれたが、ほとんどの砲は港まで届かなかった。そのため、榎本軍よりも射程距離の長い大砲を装備する新政府軍の軍艦に一方的に砲撃される。日本最初の西洋式城郭（土塁）も無力であった。

期待された防禦力をほとんど発揮できないまま、五稜郭は最後の時を迎える。それだけ、火器の発達が想定を上回っていたのだ。

十八日、榎本は降伏し、五稜郭は開城となる。榎本たち幹部は東京へ護送されていった。赦免されたのは、明治四年（一八七一）七月十七日の廃藩置県後のことである。

北海道開発とその後の五稜郭

新政府に明け渡された五稜郭は兵部省の所管に移されるが、それから約一カ月半後の七月八日に、政府は蝦夷地開拓にあたる役所として開拓使を創設する。八月十五日には、蝦夷地を北海道と改めた。

当初、開拓の拠点は箱館に置かれたが、北海道全体でみると南に偏りすぎており、中央部の札幌に開拓使本庁舎が建設される運びとなる。このため木材が大量に必要となり、箱館奉行所の庁舎や付属建物の大半は解体され、札幌へ運ばれていく。

こうして、五稜郭の面影は消えていくが、大正十一年（一九二二）に国指定史跡となったことで、保存そして復元に向けての長い道のりがはじまる。平成二十二年（二〇一〇）には、かつての規模の三分の一ながら箱館奉行所も復元された。

戊辰戦争を境に、日本式の城郭が西洋式の要塞に転換する過程を物語る貴重な文化遺産として、五稜郭に観光客の姿が絶えることはない。

参考文献
『函館市史』通説編二、函館市史編さん室、一九九〇年。

胆《い》沢《さわ》城《じょう》

なぜ坂上田村麻呂は胆沢城を築いたのか

征夷大将軍の登場

征夷大将軍とは武家政権（幕府）のトップを意味する語だが、もともとは蝦夷《えみし》征討のため任命された将軍の名称である。蝦夷とは朝廷や幕府の支配に服さなかった東北や北海道の人々を指す語だが、名前のとおり蝦夷征討に活躍した征夷大将軍といえば坂上田村麻呂の名が挙

所在地	岩手県奥州市
城郭構造	古代城柵
築城主	坂上田村麻呂
築城年	延暦21年（802）

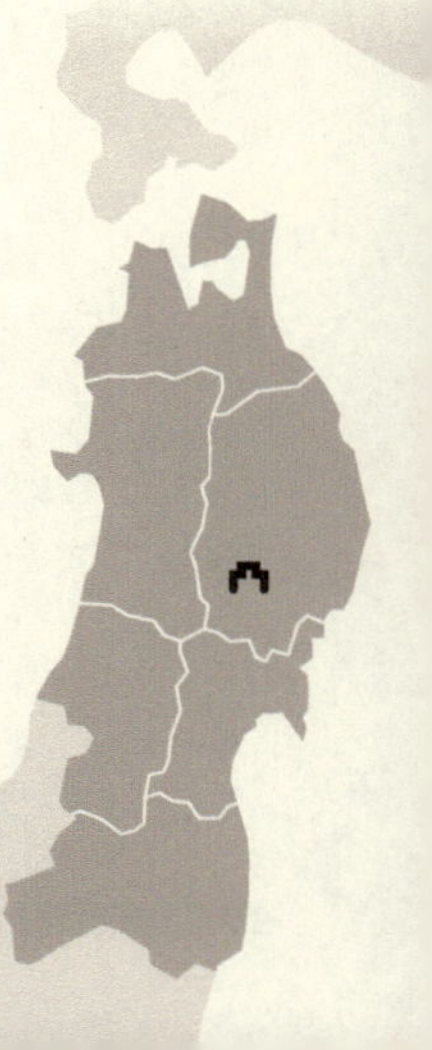

げられるだろう。

田村麻呂が築いた城として、歴史教科書で必ず取り上げられる城がある。胆沢城だ。奈良時代から平安時代にかけて、東北地方には胆沢城などの城柵《じょうさく》がいくつも築かれた。城柵は城というよりも砦に近い軍事施設だったが、陸奥国府が置かれた多賀城とともに胆沢城が注目される理由とは何なのか。

田村麻呂に象徴される一連の蝦夷征討を通して、胆沢城が築かれた意味を考える。

桓武天皇即位と遠征軍の派遣

東北で多賀城をはじめとする城柵が次々と築かれた頃、東北から遠く離れた平城京では皇位をめぐる争いが熾烈さを増していた。ついには、称徳天皇の厚い信任を得た法王道鏡が皇位を窺う事態まで起きる。

宝亀元年（七七〇）八月、皇太子を定めないまま称徳天皇が崩御すると、右大臣藤原永手たちは天智天皇の孫にあたる白壁王を天皇の遺詔と称して立太子させる。十月、白壁王は即位して光仁天皇となった。最大の後ろ盾を失った道鏡は法王の地位から引きずりおろされ、下野薬師寺別当に左遷される。

天応元年（七八一）、光仁天皇は崩御する。皇太子の山部王が即位して桓武天皇となったが、即位の前年には、天皇がたいへん強い衝撃を受ける事件が東北で起きていた。

宝亀十一年（七八〇）、服属していた蝦夷の族長伊治呰麻呂が反乱を起こしたのだ。按察使として赴任していた紀広純を伊治城で殺害し、多賀城を焼き討ちにしてしまう。按察使とは国を超えた広域を管轄するため朝廷から派遣された監察職であり、呰麻呂の反乱は叛逆行為に他ならなかった。

翌天応元年三月より、征東大使として藤原小黒麻呂が現地へ向かったが、そうしたなか四月に桓武天皇が即位する。八月に至り、遠征軍を率いた小黒麻呂が都に凱旋してきたが、天皇はその戦果に甚だ不満であった。

こうして、蝦夷の征討すなわち東北の平定が天皇にとり大きなテーマとなる。

延暦三年（七八四）、天皇は中納言大伴家持を征東将軍とする遠征軍の派遣を企てるが、翌年八月に家持が死去する。翌九月には、長岡京造営の長官だった藤原種継が暗殺される事件も起きた。

当時、天皇は大和国の平城京から山城国の長岡京への遷都準備を進めていたが、遷都への反発は強く、種継はその犠牲となった格好である。結局、長岡京遷都は中止され、同十三年（七九四）に同じ山城の平安京に遷都となる。なお、征東将軍だった家持は、この暗殺に関与したとして追罰を受けている。

そんな混乱のなか、蝦夷征討計画は頓挫せざるを得なかったが、ようやく延暦七年（七八八）七月に参議紀古佐美が征東大使に任命され、遠征軍が東北へと向かう運びとなる。八年（七八九）三月には多賀城に集結し、胆沢への北進を開始した。

胆沢は現在の岩手県奥州市を中心とした地域に広がる平野部である。かねてから、生産力が高い地域として朝廷も注目しており、既に宝亀七年（七七六）には陸奥国の兵三千が胆沢への侵攻を試みていた。今回の遠征の目的も、胆沢地域を制圧して同所の蝦夷を服属させることにあった。

しかし、遠征軍は手痛い反撃を受ける。

坂上田村麻呂と胆沢城築城

胆沢地域の蝦夷のなかでリーダー格だったのは阿弖流為《あてるい》である。

同年六月、胆沢に侵攻した紀古佐美率いる遠征軍を迎え撃った阿弖流為は、遠征軍を巧みに奥地に引き込んで分断し、退路を断つ。その上で包囲殲滅戦を敢行したため、遠征軍は大敗を喫する。

大敗の報に衝撃を受けた天皇は、翌九年（七九〇）から第二回の胆沢遠征の準備に取り掛かる。それまでの征東使という名称を征夷使に改め、十年（七九一）に征夷大使（征夷大将軍）として大伴弟麻呂、副使（副将軍）に坂上田村麻呂たち四名を任命した。

当時三十四歳の田村麻呂は皇居を警固する近衛府の武官で近衛少将だったが、天皇の信任がたいへん厚かった。その姉（もしくは妹）の全子は天皇が皇太子の時に妃となり、高津内親王を産む。坂上氏は渡来氏族の流れを汲む豪族だが、天皇の母も百済系渡来氏族の娘であったことから、もともと坂上氏には親近感を持っていたようだ。

延暦十三年（七九四）、準備を整えた遠征軍は胆沢に向かい、蝦夷を破るが、実際に兵の指揮を執ったのは田村麻呂だった。朝廷としては前回の借りを返した形だが、胆沢の制圧には至らなかった。

よって、天皇は第三回の胆沢遠征の準備に取り掛かる。十五年（七九六）、田村麻呂に陸奥出羽両国の按察使、陸奥守そして鎮守府将軍を兼任させ、東北における行政・軍政のトップの座に据えた。鎮守府とは蝦夷を鎮めるための役所であり、当時は陸奥国府のあった多賀城に置かれていた。

十六年（七九七）に征夷大将軍に任命されていた田村麻呂は、二十年（八〇一）に胆沢へと向かった。日ならずして胆沢の制圧に成功し、翌二十一年（八〇二）より胆沢城の築城を開始する。その最中に蝦夷側の主将格の阿弖流為と副将格の母礼《もれ》が投降し、名実ともに田村麻呂による胆沢遠征は完了した。

なお、胆沢城は六七五メートル四方の築地で囲まれ、その内側の政庁空間も九十メートル四方の大垣で囲まれていた。城の外郭には門や櫓が付設され、多賀城と同じ構造だった。大同三年（八〇八）には鎮守府が移転してくる。

宝亀十一年の伊治呰麻呂の反乱で東北支配の本営である多賀城が焼失して以来、東北の政情は不安定だったが、征夷大将軍の田村麻呂が蝦夷を破り、最前線の城として胆沢城を築いたことで、朝廷は東北の政情安定化に成功する。蝦夷征討の司令部たる鎮守府も移転し、さらに版図を北へ広げる足掛かりも得たのである。

徳政相論と蝦夷征討の中止

胆沢城築城の翌年にあたる二十二年（八〇三）に、田村麻呂は志波城を築く。胆沢城からは五十キロメートル以上も北にあり、朝廷は北上盆地の北部まで支配下に置くことになった。

一方、二十三年（八〇四）に朝廷は第四回の遠征計画の準備に入る。またしても征夷大将軍に任命されたのは田村麻呂だった。

しかし、翌二十四年（八〇五）に事態が急変する。

この年の十二月、桓武天皇の前で参議藤原緒嗣と同菅野真道が「天下の徳政」について議論している。徳のある政治とは何か。今は徳のある政治が行われているかというテーマで議論が交わされたのだ。この争論は、「徳政相論」と称される。

緒嗣は天下が「軍事」と「造作」の二つに苦しんでいる現状に警鐘を鳴らす。軍事とは蝦夷征討、造作とは都の建設を指した。いずれも莫大な費用を要し、民がその負担に苦しんでいるというわけである。

桓武天皇の時代になってからだけでも、既に三度にわたって蝦夷征討が実施された。それ以前からも蝦夷征討は何度となく行われており、成功すれば東北地方を版図に組み入れることができたとはいえ、律令国家の財政には過重な負担となっていた。

さらに、遷都も二度実施された。一度目は長岡京、二度目は平安京への遷都だ。徳政相論が展開された時も、平安京の造都事業は継続中だった。

こうした現状を踏まえ、緒嗣は両事業の中止を主張する。両事業を主導していたのは天皇その人であり、緒嗣の主張とは天皇に対する批判に他ならなかった。

一方、真道は緒嗣の主張に異論を唱えた。ついには激しい論戦となるが、天皇は緒嗣の意見を採り、両事業は中止される。苦渋の決断であった。

天皇が崩御したのは、それから間もない二十五年（八〇六）三月のことである。

〈その後の田村麻呂

征夷大将軍坂上田村麻呂による再度の蝦夷征討は、徳政相論での桓武天皇の「聖断」を受けて中止となる。その後、弘仁二年（八一一）に文屋綿麻呂が征夷将軍として東北に派遣されたものの、胆沢地域での残敵掃討戦にとどまり、新たに城柵が築かれることはなかった。田村麻呂が出征することもなかった。

田村麻呂は蝦夷征討の軍功により、延暦二十四年に参議に任命される。桓武天皇崩御後も朝廷からの信任は厚く、大納言にまで上る。

田村麻呂がこの世を去ったのは、文屋綿麻呂が蝦夷征討に赴いた弘仁二年のことである。五十四歳の生涯であった。

参考文献
井上満郎『桓武天皇』ミネルヴァ書房、二〇〇六年。
樋口知志『阿弖流為』ミネルヴァ書房、二〇一三年。

29　胆沢城

多《た》賀《が》城《じょう》

なぜ朝廷は多賀城を東北支配の拠点としたのか

陸奥国の誕生

大化の改新を機に、日本は唐（中国）に倣って律令国家への道を進みはじめる。朝廷は全国を国・郡・里という三段階の行政区画に編成し、各国に国司を派遣した。郡には郡司、里には里長を置き、いずれも地元の有力者を任命した。

所在地	宮城県多賀城市
城郭構造	古代城柵
築城主	大野東人
築城年	神亀元年（724）

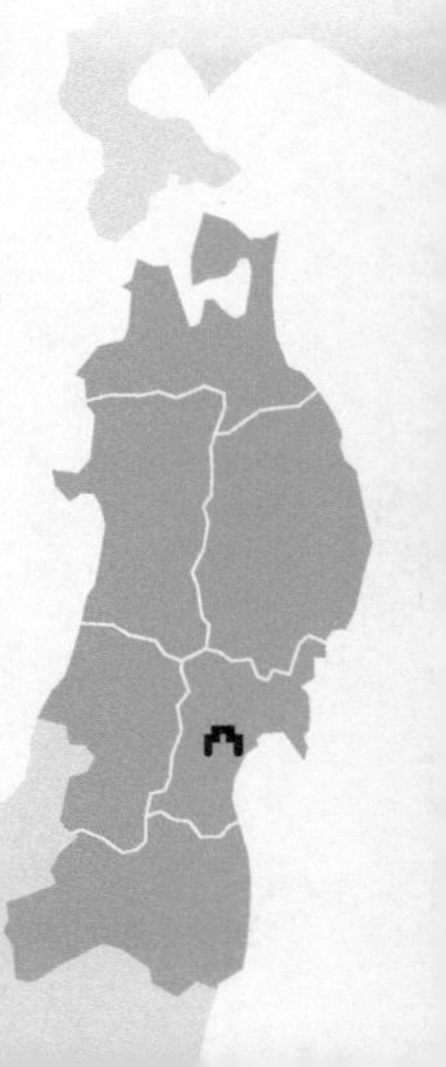

各国には国司（守・介・掾・目）が政務を執る国府が設置されたが、現在の青森・岩手・宮城・福島県にあたる陸奥国の場合は多賀城に国府が置かれた。なぜ、朝廷は城内に陸奥国府を置いたのか。

律令国家による東北支配の過程を追うことで、多賀城に国府が置かれた背景に迫る。

蝦夷と城柵の設置

律令国家が誕生した七世紀半ば、東北地方はいまだ朝廷の支配に服していなかった。当時、東北の人々は「蝦夷《えみし》」と呼ばれており、蝦夷を服属させて東北を支配下に置くことが朝廷にとり大きな政治課題であった。

東北は陸奥国と出羽国に分けられたが、朝廷は両国に行政単位の郡を置くとともに城柵を築く。陸奥国の場合、城柵の数は十七を数えた。

城というよりも砦であった城柵は、新たに服属させて支配下に置いた地域の拠点にもなっていた。朝廷は国司の四等官（目）などを城司（城主）として駐在させ、東北支配の尖兵とする。国府を本庁とすれば、城柵は支庁の役割を担った。そして、城柵の周囲には「柵戸」と呼ばれた坂東からの移民を移住させた。柵戸は公民身分で、移住後一～三年間は調と庸が免除されたが、租や労役、兵士役は負担させた。

律令国家では国内の民を公民として位置付け、租調庸そして雑徭や兵士役の負担を義務付けていた。租とは、公民に支給した口分田の収穫物の三％の稲を地方の倉に納める。調は絹や布など地方の産物を納め、庸は中央での労役負担の代わりに布や米を納めるものである。雑徭は地方の労役負担。兵士役は各地の軍団で勤務する役だが、一部の兵士は衛士や防人として都の守りや九州の防衛にあたった。

公民については、城柵による支配地域に「評」、後に「郡」を設置し、柵戸のなかから郡司、その下の郷長を任命した。一郷が五十戸で、一郡は二～五郡で構成された。こうして、城司―郡司―郷長による公民の支配機構が次々と生まれていく。

国府の支庁でもあった城柵は移住させた公民（柵戸）に加え、服属した蝦夷を守る役割を果たしたが、服属した蝦夷は公民とは別に支配した。郡内に住む蝦夷は、位階を与えた蝦夷を通して城司が支配した。郡外の蝦夷には別に蝦夷郡、蝦夷村を設け、その族長を郡司・村長に任命し、城司がこれを支配した。

公民とは異なり、服属した蝦夷には租調庸などの負担は義務付けられなかったが、その代わり、都あるいは国府・城柵に毎年朝貢させ、特産物を貢物として納めさせた。兵役、そして城柵造営のための労役も賦課されていた。

蝦夷は朝廷に服属した後も、しばらくの間は「蝦夷」「俘囚」という身分とされた。数十年が経過し、租調庸を負担するようになると公民身分に組み入れられ、名実ともに律令国家の支配下に入るのである。

多賀城築城

城柵は国府の支庁として行政機関の顔を持つ一方、軍事施設でもあったため城郭の構えを取っていた。堀まではなかったものの、築垣、材木塀、土塁など外囲いの施設がめぐらされるのが定番である。服属を拒否する蝦夷から、いつ攻撃を受けるか分からなかったからだ。

つまり、服属を拒む蝦夷を征討するための最前線の砦でもあった。そのため、軍団の兵士が多数駐屯していた。

外囲いの内部は、政庁空間となっていた。国府の支庁として政務が執られる一方、服属した蝦夷が貢物を捧げる儀礼の場として活用された。

そんな陸奥国の城柵の頂点に位置したのが、国府も置かれた多賀城なのである。

神亀元年(七二四)に、多賀城は築城された。それまでは現在の宮城県仙台市郡山遺跡と呼ばれた地域に国府が置かれたが、北進する形で多賀城が築かれ、国府そして鎮守府が移転する。それだけ、朝廷の東北支配が進んだわけだ。

鎮守府とは、蝦夷を鎮めるために置かれた役所である。多賀城よりも北の胆沢城に移るまで、東北支配の本営として行政と軍事の一大拠点であった。

多賀城は松島丘陵から西に伸びる丘の西端に位置していた。丘陵に築かれたため、その敷地は四辺形に近い不整形を取った。東辺が一〇五〇メートル、南辺が八七〇メートル、西辺が六六〇メートル、北辺が七八〇メートルで、総面積は七十四ヘクタール。東北最大級の城柵だった。

城の外側は主に築垣で囲まれ、高さは五メートルもあった。九世紀に入ると、外囲いの塀の各所に櫓が設けられる。南門、東門、西門が置かれたが、正門である南門は二階建ての重層門という。

城内の中央に置かれた国府政庁も同じく周囲が築垣で囲まれ、東西一〇三メートル、南北一一六メートルの規模だった。内部には南を正面とする正殿、その前の東西に脇殿が一棟ずつ配置され、正殿・脇殿二殿の三殿に囲まれる形で広場があった。その南に南門が置かれるというのが、政庁の基本的な構造である。

こうした多賀城の政庁の構造は諸国の国府や大宰府の政庁と同じだったが、陸奥や出羽国内に設けられた各城柵の政庁も同様の構造だった。なお、多賀城の建物や塀は瓦葺きになっており、蝦夷に律令国家の威信を見せつけたい朝廷の意図が見え隠れしている。

多賀城では政務が執られたほか、各城柵と同じく朝貢してきた蝦夷が貢物を捧げる儀礼も執り行われた。官衙、倉庫、工房の跡も発掘調査により判明しているが、倉庫には大量の兵器・食糧が収められていたことも分かっており、まさしく城であった。

〈安倍氏、奥州藤原氏の台頭

朝廷は多賀城を行政・軍事の本営として東北支配を進め、各地に城柵を築いたが、蝦夷の抵抗も激しかった。宝亀十一年（七八〇）には服属していた蝦夷の族長伊治呰麻呂が反乱を起こし、多賀城を焼き討ちにする事件が起きる。

その後、坂上田村麻呂に象徴される討伐軍が編成され、巻き返しがはかられる。多賀城よりも北方に胆沢城が築かれ、大同三年（八〇八）には鎮守府が移転する。

しかし、朝廷による東北支配は軍事的に蝦夷を抑え込むのではなく、服属した蝦夷の力に依存する方向へと舵が切られていく。政策転換の背景には軍事費の負担に耐えかねた国家財政があったが、そうしたなか台頭してきたのが俘囚のリーダー格の安倍氏だった。

安倍氏は鎮守府の支配下にあった岩手郡など奥六郡を実効支配し、陸奥国府の威令が届かなくなってしまう。当時陸奥守として多賀城にいた藤原登任は討伐軍を派遣したものの、大敗を喫する。永承六年（一〇五一）のことである。

事態を危険視した朝廷は源頼義を陸奥守に任命し、安倍氏討伐にあたらせようとするが、折しも大赦となって反乱の罪が許されたことを機に、安倍氏を率いる安倍頼良は頼義に帰順する。読み方が同じであることを憚り、名前も頼時と改名した。

ところが、天喜四年（一〇五六）に安倍氏は再び反旗を翻し、「前九年の役」に突入する。頼義は出羽の俘囚のリーダーである清原氏の助けを借りて安倍氏を鎮圧したが、永保三年（一〇八三）には清原氏の御家騒動が勃発する。

ちょうど陸奥守として多賀城に赴任していた源義家（頼義の子）はこれに介入し、「後三年の役」がはじまる。その結果、義家の援助を受けた藤原（清原）清衡が東北に君臨することになる。

この奥州藤原氏は平泉を中心に三代にわたって栄えた。世に言う奥州藤原三代である。

多賀城と陸奥国府の消滅

東北で安倍氏そして奥州藤原氏があたかも独立国のように君臨したことで、朝廷の権威が失墜するのは避けられなかった。多賀城に置かれた陸奥国府の機能は形骸化していくが、文治五年（一一八九）、源頼朝は奥州藤原氏を滅ぼすと、翌建久元年（一一九〇）には御家人の伊沢家景を陸奥国府の留守所長官である陸奥留守職に任命する。

再び国府が陸奥国の政務を執る場として浮上するが、鎌倉幕府の支配が強まると、国府は有名無実な存在となる。

鎌倉幕府が倒れると、後醍醐天皇による建武の新政がはじまる。陸奥守に任命された北畠顕家は天皇の皇子義良親王を奉じて多賀城に赴任し、国府の再興をはかる。しかし、南北朝の動乱のなか、陸奥国府が置かれた多賀城は歴史の表舞台から再び消えていくのである。

参考文献
『仙台市史』通史編2古代中世、仙台市、二〇〇〇年。

会《あい》津《づ》若《わか》松《まつ》城《じょう》

なぜ会津藩は一カ月もの籠城戦を戦い抜けたのか

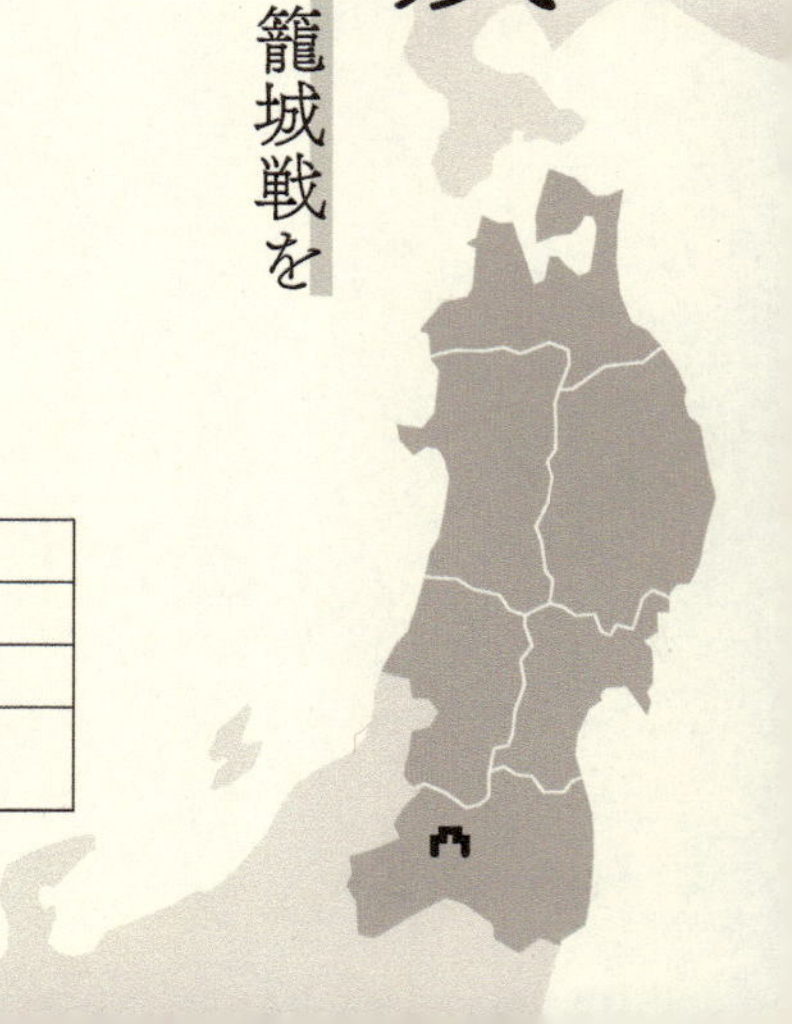

落城相次ぐ戊辰戦争

白虎隊の悲劇を生んだ会津若松城の攻防戦は、戊辰戦争のクライマックスとして今もなお語り継がれている戦いである。箱館五稜郭の戦いは残されていたものの、若松城つまり鶴ヶ城の落城をもって、戊辰戦争は事実上終焉の時を迎える。

所在地	福島県会津若松市
城郭構造	梯郭式平山城
築城主	蘆名直盛
築城年	元中元年／至徳元年（1384）

戊辰戦争でも籠城戦は各所でみられたが、一日も持たずに落城してしまう事例は少なくなかった。銃砲の著しい発達の前に、日本式の城郭が無力となっていたことが露呈した格好だが、そのなかで若松城は約一カ月持ちこたえる。なぜ、会津藩は長期にわたる籠城戦を戦い抜くことができたのか。

一カ月にわたる籠城戦を支えた、知られざる女性たちの奮闘ぶりを解き明かす。

籠城戦の開始と白虎隊の自決

新政府軍代表西郷隆盛と徳川家代表勝海舟の頂上会談により、慶応四年（一八六八）三月十五日に予定されていた江戸城総攻撃は中止となる。四月十一日、江戸城は徳川家から新政府に明け渡された。世に言う江戸無血開城である。

徳川家は薩摩・長州藩を主軸とする新政府に帰順したが、両藩に激しく反発する東北・越後諸藩は奥羽越列藩同盟を結成し、抗戦の姿勢を明確にする。よって、新政府軍は東北や越後に出兵していくが、その目指す本丸は京都で薩摩・長州藩と鋭く対立してきた会津藩だった。

五月一日に東北への入り口にあたる白河城を会津藩から奪い返した新政府軍は、六月に入ると、奥州街道（白河口）のほか太平洋沿岸の奥州浜街道からも会津を目指す。その過程で、列藩同盟に属する諸藩を次々と軍門に降らせる。棚倉城、磐城平城、二本松城などを攻め落とした。

一方、越後では長岡藩が新政府軍を大いに苦しめていた。五月十九日、新政府軍の奇襲攻撃を受けて長岡城は落城するが、同藩軍事総督河井継之助は奪還に成功する。七月二十五日のことである。

しかし、新政府軍の逆襲を受け、同二十九日には長岡城を再び失う。長岡藩は藩地を捨て会津に向けて敗走するが、長岡城攻防戦の際に負った傷が悪化していた河井は、八月十六日に会津藩領塩沢村で死去する。新政府軍が会津城下に突入したのは、それから約一週間後のことだった。

奥羽越列藩同盟が崩壊していくなか、二本松城下に集結していた新政府軍は若松城下への突入を目指し、八月二十日を期して軍事行動を開始する。迎え撃つ会津藩は新政府軍の侵攻を防ぐため主力を領境に集めるが、勢いに乗る新政府軍は陽動作戦を取りながら領境の一つ石莚口に兵を集中させ、翌二十一日に会津領侵攻に成功する。早くも、二十三日には城下へ突入した。

新政府軍が城下に突入した時、会津藩の主力は領境に配置されていた。城下で防備にあたる藩士の大半は少年か老年の藩士であったため、新政府軍の攻撃になす術もなく、多数の犠牲者を出す。城下は火の海となったが、これを飯盛山から遠望した白虎隊の隊士たちは次々と自決する。

同日より籠城戦がはじまったが、城内の防備は手薄であり、このままでは落城は時間の問題だった。

女性たちの奮戦

だが、領境を固めていた藩士たちが城下の異変に気づく。新政府軍の追撃を受けながらも、血路を開いて城下に取って返す。続々と入城を果たした結果、城内の人数は五千人以上にも膨れ上がった。

入城したのは男性ばかりではない。女性も六百人余いた。藩士の母、妻、娘たちだが、この時籠城した会津藩士の娘で後に新島八重と名乗ることになる女性の証言によると、女性には主に三つの役目が課せられていた。兵糧を焚くこと。負傷者の看護。弾丸を作ることの三つである。

兵糧を焚くとはお握りを作ることだが、五千人分であるから大仕事だ。大きな釜をいくつも並べ、炊き上がった順にお握りにしたが、あまりの熱さに手の皮は剝けるようであった。急いで握らなければならず、手に水を十分に付けてはいられなかったのだ。

城内に備蓄されていた米は玄米だった。平時ならば玄米を搗いて白米にするところだが、精米の時間などなかったため、玄米のまま炊き上げている。だが、糠が付いた玄米のお握りを食べ続けたせいか、約一カ月の籠城後には、男女を問わず身体中が腫れてしまい、顔も目も塞がるほどだったという。

次に負傷者の看護だが、戦いが激しくなるにつれて病室はいっぱいとなる。その上、医者はいても薬は乏しかった。ちょうど暑い時分でもあり、傷はすぐ化膿してしまうが、その処置もできなくなっていく。

看護といっても負傷者を治療できず、ただ慰めることしかできなかった。包帯もなくなってくると、衣類の裏の白い部分を裂き、包帯の代わりに使った。

病室といっても、畳敷きではない。初めは畳の上に寝かせることができたが、城内の畳をすべて剥がして胸壁代わりに使ったため、板の上に直接寝かせざるを得なくなる。

蒲団も足りなかった。そのため、女性たちの衣類を掛け布団代わりに使っている。弾丸作りも女性の役目だが、どのようにして作ったのか。

紙で筒を作り、そのなかに弾と火薬を入れ、紙の上部を捻ると出来上がりだ。こうして、一日に一万二千発、開城の時までに十九万発余の弾丸を製造したという。製造した弾丸を蔵に運び込むのも彼女たちの役目だった。

製造するだけでは足りず、新政府軍が城内に向けて撃ち込んだ弾丸を拾い集めることまでしている。それは男女に関係なく、子供たちの仕事になっていた。

新政府軍が撃ち込んだ砲弾のため火災が起きると、水をかぶせて消火作業にあたった。着弾しても爆発しなかった場合は、水に浸した衣類を掛けて不発弾としたが、当然ながら危険を伴う。その前に爆発し、命を落とす事例は少なくなかった。

そのほか、井戸の水汲み、兵糧の運搬、汚れた衣類の洗濯など、会津藩が一カ月もの籠城戦を戦い抜いた裏には、女性たちの必死の支えがあった。

アームストロング砲により蜂の巣にされた天守閣

女性たちも命がけで籠城戦を支えたものの、時が経つにつれて会津藩を取り巻く状況は悪化の一途を辿っていく。

領境を固めていた藩士たちが城に取って返したことで、新政府軍は会津盆地に侵攻し、城下へと雪崩れ込んできた。新政府軍は増強を続けたが、かたや会津藩に援軍の見込みはなかった。その後も奥羽越列藩同盟に加盟する諸藩が次々と降伏したことで、孤立無援の状態に陥ったからである。九月に入ると、若松城を囲む新政府軍の数は三万人を超えた。

新政府軍は持久戦を取り、若松城の落城を待つ戦略を採る。城の東南約千五百メートルの場所に位置していた小田山に砲撃陣地を築き、城に向けて激しい砲撃を加えたのだ。九月十四日の総砲撃では約五十門もの大砲が火を噴き、午前六時から午後六時までの間に千二百八発も城内に着弾している。

特に、長い射程距離を持つアームストロング砲の威力が凄まじかった。天守閣などの建物を直撃し、多数の死傷者が出た。

1カ月にわたる籠城戦の舞台となった若松城

城内の女性たちによる必死の支えはあったものの、結果からみると、大砲による砲撃が若松城の息の根を止める。若松城に加えられた砲撃の凄まじさは、蜂の巣のようにされた天守閣の写真が何よりも物語っている。

追い詰められた会津藩は新政府軍の陣地に向けて夜襲を何度となく仕掛けるが、ことごとく失敗に終わる。会津藩は絶体絶命の状態に追い詰められるが、弱みをみせるわけにはいかなかった。まだ余裕があることを見せ付けなければならない。そのため、ある秘策を子供たちに授ける。

なんと、凧を揚げさせたのだ。降伏する日まで、男の子も女の子も凧を揚げ続けるという形で戦い続けたが、会津藩最後の時は刻々と迫っていた。

◆若松城開城

会津藩としては、最後は城に火を掛けるつもりだった。籠城していた会津藩主従は城と運命をともにする覚悟であり、城内にはたくさんの薪も用意されていた。

しかし、会津藩に先立って降伏した米沢藩主の上杉斉憲が新政府軍への降伏を促す書面を送ってきたことが契機となり、城内では降伏・開城を模索する動きがはじまる。九月二十二日午前十時、城門に白旗が掲げられ、会津藩は降伏した。翌二十三日に開城となる。

一カ月にわたる籠城戦は終わり、前藩主松平容保と藩主松平喜徳は江戸改め東京へと護送されていった。籠城していた藩士たちは藩領の猪苗代で謹慎の身となる。

十二月七日、会津藩には改易の処分が下るが、翌明治二年（一八六九）十一月四日、斗南藩として復活する。会津藩主従は新領地の下北半島へ移住していく。

それは陸軍大将柴五郎が『ある明治人の記録』で語ったような過酷な日々のはじま

りでもあった。

参考文献
安藤優一郎『新島八重の維新』青春新書インテリジェンス、二〇一二年。

江《え》戸《ど》城《じょう》

築城当初は天守が二つあった

発見された江戸城の新絵図

島根県松江市の松江歴史館には、松江藩松平家が編纂した城絵図集『極秘諸国城図』七十四枚が収蔵されている。そのうちの一枚「江戸始図」には江戸城最初の天守閣が描かれていたが、近年の調査により衝撃的な事実が判明する。天守が二つあったのだ。

所在地	東京都千代田区
城郭構造	輪郭式平城または平山城
築城主	太田道灌
築城年	長禄元年（1457）

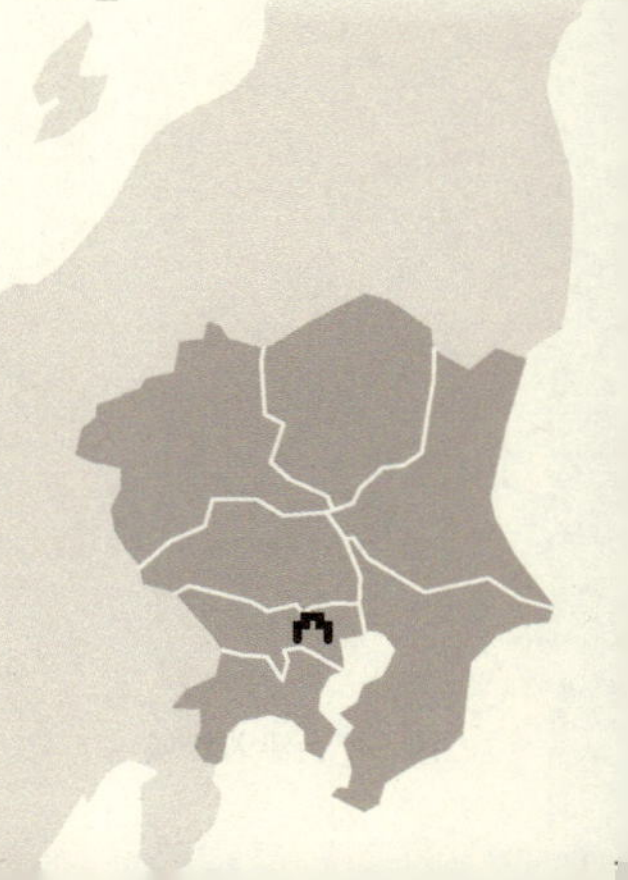

大天守と小天守の二つから構成された天守閣（連立式天守）であり、小天守だけで同じく連立式天守である姫路城の大天守と同規模と推定されている。天守台も加えると、その高さは約六十九メートルに達し、姫路城天守閣よりも二十メートル以上高い。

さらに言えば、豊臣秀吉が造った大坂城の天守を凌駕する規模でもあった。なぜ、家康はそんな巨大な天守閣を造ったのか。

江戸城天守閣に込めた家康の狙いを読み解いてみる。

徳川家康の江戸入城

応仁の乱の少し前にあたる長禄元年（一四五七）、太田道灌によって江戸城の築城が開始された。ここに江戸城の歴史がはじまるが、その後関東の太守として君臨する戦国大名北条家の支城の一つとなる。北条家の居城は、相模国の小田原城である。

天正十八年（一五九〇）七月、小田原城に籠城した北条家は天下統一を目指す豊臣秀吉率いる大軍の前に、降伏を余儀なくされる。北条家は改易となり、その旧領には小田原城攻囲軍に加わっていた徳川家康が封ぜられた。

それまで、家康は五カ国（三河・遠江・駿河・甲斐・信濃）を支配する大名だったが、秀吉は家康からその五カ国を取り上げた上で、北条家の旧領に封じた。家康の旧領には豊臣恩顧の諸将を配置し、家康への備えとした。

北条家に代わって関東の太守となった家康は、江戸城を居城と定める。しかし、江戸城は北条家の支城の一つに過ぎなかったため、関東の太守の居城としてはあまりに貧弱だった。現在の本丸の区域に二の丸や三の丸まで含まれていた格好である。

家康は江戸城を関東支配にふさわしい居城とするため、同年九月より拡張工事に着手する。まず、本丸と二の丸や三の丸を区切っていた空堀を埋め立てることで、本丸の規模を拡大させた。文禄元年（一五九二）からは西丸の築造も開始する。

しかし、同年から開始された朝鮮出兵に伴い、家康は前線基地である肥前の名護屋城に駐屯することになった。翌三年（一五九三）からは伏見城築城の手伝いも命じられたため、江戸城の拡張工事はストップする。以後十年近く、この状態が続いた。

その間、秀吉が死去し、さらに関ヶ原合戦を経ることで、家康はその後継者としての地位を勝ち取る。慶長八年（一六〇三）二月には朝廷から征夷大将軍に任命され、名実ともに豊臣家に代わって天下人の座に就く。

翌三月より家康は城下町の整備に取り掛かるが、翌九年（一六〇四）からは、江戸城拡張工事を再開する。城郭普請が本格的に再開されたのは二年後の十一年（一六〇六）だが、将軍の座に就いたことで江戸城拡張工事の手伝いを「天下普請」として諸大名に命じることが可能となる。伏見城築城を家康たち諸大名に命じた秀吉の立場になったのだ。

それまでは徳川家のみで拡張工事は進められていた。以後は諸大名も動員することで、秀吉が築いた大坂城をはるかに超える規模の江戸城が造り上げられていくのである。

連立式天守の建設

家康入城前の江戸城には、石垣がなかった。というよりも、江戸城をはじめ東国の城は土塁をベースとしていた。関東では良質な石材があまり得られなかったからである。かたや、西国は石材が豊富であったことも追い風となり、石垣造りの城が次々と生まれていた。その象徴こそ、秀吉が築城した大坂城だった。

それまで家康が居城とした三河・岡崎城、遠江・浜松城も土塁がベースであり、石垣造りの城ではない。両城とも石垣造りとなったのは、家康の関東移封後に秀吉の家臣田中吉政や堀尾吉晴が新たな城主となってからである。

家康は江戸城の拡張工事を再開したのを契機に、関東ではみられなかった石垣造りの城郭を目指す。諸大名をして伊豆半島などから石材を運ばせ、堀沿いに長大な石垣を築いた。

その一方、本丸御殿の建設にも着手する。十一年中に御殿は出来上がるが、翌十二年（一六〇七）には連立式天守も完成した。

全国に現存する天守のうち江戸城最初の天守に近い構造を持っているのは、同じ連立式天守の姫路城である。同時期、家康は大坂城の豊臣家への備えとして、姫路城の大改築を断行したが、一つの大天守と三つの小天守が渡櫓で繋がれた天守閣となっていた。世界文化遺産にも登録された白漆喰総塗籠の天守としてよく知られているだろう。

江戸城の天守閣も姫路城と同じく、一つの大天守と三つの小天守が渡櫓で繋がれていた。大天守、小天守、渡櫓で囲まれた空間は天守曲輪と呼ばれ、天守閣の防禦力を高める効果が期待された。城主の単なる権威の象徴にとどまらず、防禦力を持った要塞に仕立て上げたのである。なお、姫路城と同じく壁面は白漆喰総塗籠だった。

さらに、本丸南側には枡形の虎口を五段連ね、防禦力だけでなく反撃力を強化させた。虎口とは城郭への出入り口を意味するが、枡形の区画とすることで直進できないようにする仕掛けを施すのが西国での城造りの定石だった。

家康はこれを五段構えにし、防禦（反撃）力を著しく高めようと目論む。同じく枡形の虎口を五段連ねた城としては、加藤清正により築城された熊本城の事例がある。

本丸北側には、東国で発展した築城技術である「馬出し」が三段構えで施された。馬出しとは虎口の外側に設けられた空間で、その前面に堀が築かれるのが定番だった。枡形虎口と同様に防禦（反撃）力の強化を狙った仕掛けだが、三段構えとすることでさらなる強化を目指した。

西国や東国で発展した築城技術も加えることで、日本最大の連立式天守がそびえる江戸城本丸の防禦力は、まさしく日本最強を誇ったのである。

天下人家康の苦悩

家康は将軍となって幕府を開くと、江戸城を日本最強の城郭に造り変える。その象徴が巨大な天守閣だったが、当時家康が置かれた政治状況から意図が透けてくる。

将軍に任命されて幕府を開いたことで豊臣家に代わり天下人の座に就いたものの、その基盤はまだまだ脆弱だった。日本最強の城郭は豊臣家の居城大坂城であり、関ヶ原合戦では家康に味方した豊臣恩顧の諸大名にしても、いつ敵方に転じるか分からない。家康の身に何かあれば豊臣家に走り、石田三成のように家康打倒を目指すかもしれない。

大坂城落城の時まで、豊臣家の存在は家康にとり目の上のたんこぶに他ならなかった。

よって、天下の情勢が急変して、豊臣家や豊臣恩顧の諸大名が江戸城を攻めてくる事態を想定する必要があった。江戸城を豊臣家の大坂城に勝るとも劣らない日本最強の城郭に造り変えた家康の真意は、その点にこそ求められる。

豊臣家や豊臣恩顧の諸大名を仮想敵とみなして日本最強の城郭を造り上げたこと

は、徳川家内部への効果も期待できた。あまり知られていないが、家康は家臣団の統制に非常に苦しんでいた。

秀吉の家臣に比べると、家康の家臣は忠誠心が強いイメージが一般的だが、むしろ独立性が強く、家康はその統制に苦慮していた。家康が秀吉方を破った小牧・長久手の戦いの後、家康を支え続けた三河譜代で筆頭家老の石川数正が家康を裏切り秀吉のもとに走ったことなどは、その典型的な事例だ。

家康一代で徳川家の領国は大いに拡大するが、その分家臣の数が激増したことも家臣団の統制を難しくした要因である。そうした事情は、所領を拡大させてきた戦国大名が共通して抱える問題だった。

よって、天下人の座に就いた家康にとり、家臣団の統制強化は焦眉の課題となっていた。江戸城を日本最強の城郭に造り変えることで、自らが将軍という卓越した存在であることを家臣団に認識させる効果も期待したはずだ。

外には仮想敵の豊臣家と豊臣恩顧の諸大名、内には家臣団、その双方に対する示威という家康の目論見が、日本最強の城郭造りには秘められていた。

現存する天守台は明暦の大火後に再建されたもの

三たび焼失した江戸城天守閣

しかし、家康が造った壮大な天守閣の寿命は二十年にも満たなかった。火災により焼失したからである。

元和九年（一六二三）に二代将軍徳川秀忠が再建した天守閣は連立式天守ではなかったようだ。幕府にとり最大の対抗勢力だった豊臣家は既になく、幕府の礎は固まりつつあったことから、もはや連立式天守を造るには及ばないと判断したのだろう。連立式天守だとその分費用が掛かり、再建にあたらせる諸大名の負担が増すことも懸念したに違いない。

その後、秀忠が再建した天守閣も火災で

焼失する。寛永十五年（一六三八）、今度は三代将軍家光により再建された。その時の再建図面によると、小天守や渡櫓が連結しない独立式天守であることは明らかだ。天守は一つだけとなった。

そして、明暦三年（一六五七）の明暦の大火により、三たび天守が焼失する。その後、天守台は再建されたものの、天守が再建されることはなかった。泰平の世となったことで、天守は歴史的役割を終えていたのである。

参考文献

千田嘉博『江戸始図でわかった「江戸城」の真実』宝島社新書、二〇一七年。

世《せ》田《た》谷《がや》城《じょう》

なぜ吉良家は世田谷に城を築いたのか

世田谷区の誕生

世田谷というと東京の高級住宅街のイメージが強いが、室町時代から戦国時代にかけて世田谷城という平山城があった。かつての世田谷はのどかな農村地帯であり、そうした情景は江戸時代に入っても同様だった。環境が激変したのは、関東大震災を契機に都市化が大いに進

所在地	東京都世田谷区
城郭構造	平山城
築城主	吉良氏
築城年	応永年間(1394－1426)

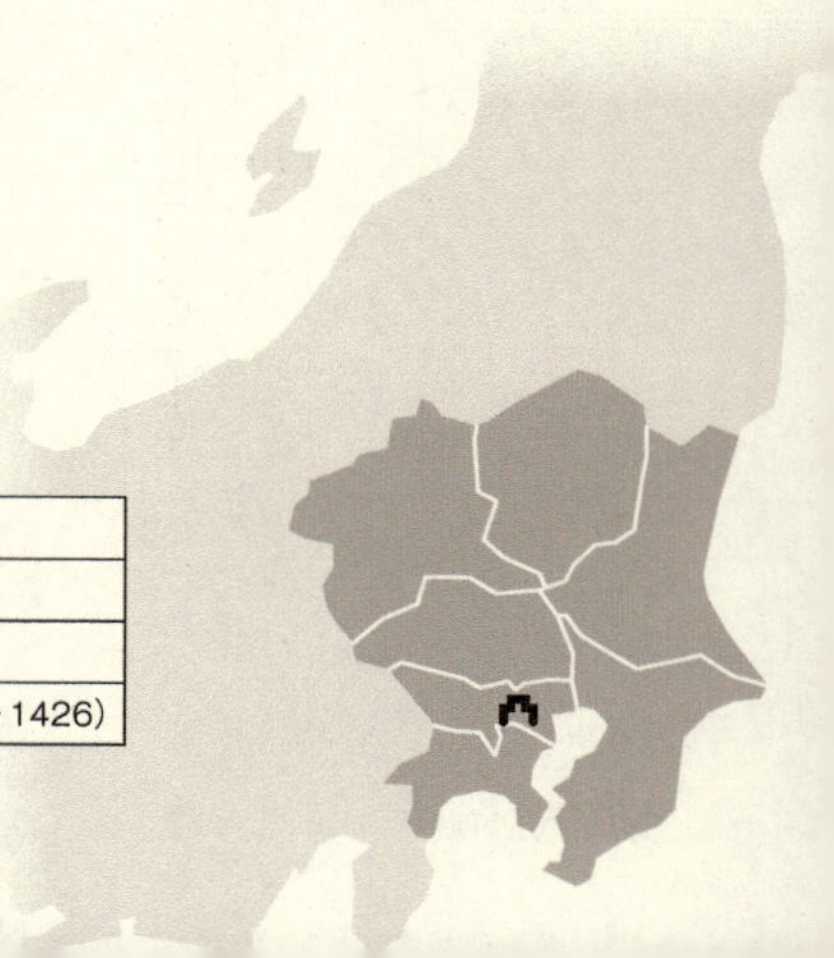

み、東京市に編入されて世田谷区が誕生してからである。

現在、城跡は世田谷城址公園として整備され往時を偲ばせているが、世田谷城の城主は八代二百数十年にわたって吉良家であった。吉良上野介と同じ吉良家の流れを汲む武将だが、なぜ世田谷の地に城を築いたのか。

吉良家と世田谷城のゆかりを追うことで、知られざる世田谷の歴史に迫る。

足利一門筆頭格の吉良家

源実朝が鶴岡八幡宮で甥の公暁に殺害されて源氏出身の将軍が三代で絶えた後、鎌倉幕府は有力御家人の北条家が執権として牛耳る。京都から皇族や藤原摂関家を迎えて将軍として奉じながら、幕府の実権を握った。いわゆる執権政治である。

北条家の専制を阻もうとした有力御家人は次々と粛清されていくが、源氏の流れを汲む足利家は北条家と縁戚関係を取り結ぶことで生き残りをはかった。初代執権北条時政の娘を母とし、三代目執権北条泰時の娘を妻に迎えた足利義氏は幕府内で重んじられ、暦仁元年（一二三八）には三河国の守護に任命される。守護は国単位で、地頭は荘園など土地単位で警察・司法権を行使した者を指すが、これが吉良家誕生の伏線となる。

義氏は三河の守護に任命されたことを梃子に同国に勢力を広げ、公家の九条家領だった吉良荘の地頭にも就任する。地頭の場合、年貢の徴収を請け負うなどして土地への支配を強め、ついには自ら領主となる事例が多かった。事実上の土地の横領だったが、いつしか吉良荘も九条家から足利家の所領となってしまう。

義氏には三人の息子がいたが、足利家の家督を継いだのは母が泰時の娘だった泰氏である。腹違いの兄長氏には吉良荘を与えて吉良姓を名乗らせたが、もう一人の弟頼継も吉良姓を名乗った。この頼継こそ、世田谷城を築くことになる吉良家の初代である。

長氏には息子が二人いた。長男の満氏が吉良家を継ぎ、次男国氏は今川家の初代となる。以後、足利家は数多くの分家を輩出していくが、将軍となって室町幕府を開府した後は、一門の細川・畠山・斯波家を幕府№２の管領職に就任できる家柄と定める。これを「三管」と称したが、吉良家や今川家については足利将軍家の連枝として家督を継ぐ資格があるとされ、「三管」よりも格上の家柄に位置付けられた。

当時は、足利将軍家が絶えれば吉良家が、吉良家が絶えれば今川家が足利将軍家を継ぐという言い伝えまで流布していた。吉良家や今川家は、徳川将軍家を継げる資格を持つ徳川御三家のような家だった。

世田谷城築城

吉良家には長氏そして弟の頼継を祖とする二つの系統があった。前者は西条吉良家、後者は東条吉良家と称される。

室町幕府開府後、東条吉良家は奥州探題に任命されて勢威を振るうが、やがて没落し、奥州から関東に本拠を移す。治家の代に至り、鎌倉公方として関東を統治する足利基氏から武蔵国の荏原郡世田谷郷を与えられたのだ。

ここに、東条吉良家は世田谷を本拠とすることになった。室町時代初期にあたる十四世紀半ばの頃である。

吉良家は足利一門のなかでも格が高かったことから、関東では「世田谷殿」「世田谷御所」と尊称された。世田谷郷のほか、同じ武蔵の久良岐郷蒔田(現・横浜市)にも所領を持っており、後には「蒔田殿」「蒔田御所」とも呼ばれる。

一方、三河に残った西条吉良家は勢力が振るわず、分家の今川家の傘下に入ることで命脈を保つ。今川家は駿河や遠江の守護に任命され、東海地方で有数の守護大名に成長し、さらに戦国大名へと転身していく。

世田谷郷や久良岐郷の領主として君臨した吉良家は、成高の代に世田谷に置いた館を城郭化する。十五世紀後半の頃である。

現在は暗渠となっている烏山川により三方を囲まれた格好の台地上に築かれた世田谷城は、平城と山城の中間にあたる平山城に分類できるだろう。周囲は土塁や空堀、そして櫓で囲まれていた。

成高の息子頼康の代には、出城として奥沢城も築く。この城は、家臣の大平氏をして守らせた。

成高や頼康の頃になると、関東は永享の乱、享徳の乱、長享の乱と立て続けに戦乱が勃発する。享徳三年（一四五四）にはじまった享徳の乱に至っては約三十年も続き、まさに関東が長い戦国時代に入ろうとしていた時期にあたる。

既に関東各地では領主たちが自領に城郭を築き、割拠する状況だった。現在の東京二十三区にあてはまる区域にも世田谷城のような城郭が点在しており、練馬区に石神井城、板橋区に赤塚城、新宿区には牛込城が築かれた。

こうした群雄割拠の状況を踏まえ、頼康は世田谷城のほか奥沢城を新たに築き、世田谷郷を守り抜こうとしたのである。

世田谷城廃城と井伊家世田谷領の誕生

吉良家は世田谷城に加えて奥沢城を築き、戦国の世での生き残りをはかろうとするが、それだけでは無理であった。

享徳の乱の収束に大きく貢献することで雷名を轟かせた太田道灌が、文明十八年（一四八六）に主君の扇谷上杉家当主の定正に謀殺されると、関東は再び争乱状態に陥る。長享の乱である。

そうしたなか、相模の小田原城を居城とする北条家は急速に版図を拡大させる。北条家二代目当主の氏綱が江戸城や川越城を奪取して武蔵国へ勢力を伸ばすと、吉良家はその傘下に入ることで生き残りを策す。

頼康は氏綱の娘を娶った上、三代目当主の氏康の名前「康」を拝領して頼康と改名する。その前名は頼貞だったが、この時に頼康と名を改めたのだ。

北条家にとってみれば、「世田谷殿」「世田谷御所」と尊称されていた吉良家と縁戚関係を取り結べば、新たに領国に加えた武蔵の支配にプラスになると見込んだのだろう。そのブランド力を利用しようとしたわけだ。

以後、世田谷城主の吉良家は関東の雄となった北条家配下の武将として命脈を保つ。北条家では頼康の養子氏朝にも氏康の娘を娶わせ、縁戚関係の継続をはかっているが、北条家による関東支配が終焉を迎える時がやって来る。それは戦国時代の終わりも意味していた。

天正十八年（一五九〇）三月より、豊臣秀吉率いる二十万を越える大軍勢が関東への侵攻を開始した。いわゆる小田原攻めである。

秀吉は小田原城を十重二十重に包囲する一方、関東各地の北条家の支城を次々と陥落させる。世田谷城も秀吉の軍勢の前には無力であった。

同年七月、小田原城は開城して北条家は滅亡する。世田谷城も廃城となる。吉良家は所領の世田谷郷などを没収されるが、北条家に代わって関東を支配することになっ

世田谷城址公園には空堀や土塁が現存する

た徳川家康は氏朝の子頼久を召し出し、上総国で一一二五石を与えた。

吉良家は旗本として復活したが、この時家康の命により蒔田姓に改める。かつて武蔵の久良岐郷蒔田にも所領を持ち、蒔田殿と尊称されたことに因んでいるのだろう。

吉良家の旧領世田谷郷は徳川家直轄地、そして江戸開府後は幕府直轄地となるが、寛永十年（一六三三）、彦根藩井伊家に与えられて井伊家世田谷領が成立する。世田谷城があった世田谷郷は明治維新まで井伊家の所領として歩むことになる。

吉良家の復活

世田谷城主だった東条吉良家改め蒔田家は徳川家の旗本として生まれ変わったが、義成の代に殿中儀礼の指南役である高家に任命される。室町時代以来の名家が任命された役職だったが、当時は同族である本家の西条吉良家も高家を勤めていた。ちょうど、松の廊下での刃傷で知られる吉良上野介義央が高家肝煎の頃である。

しかし、元禄十五年（一七〇二）の赤穂浪士の討ち入り後に吉良家が改易つまり御家断絶となったため、高家を勤めていた蒔田家は吉良姓への復姓を願い出る。義成の息子義俊の代に復姓は認められ、世田谷城を築いた吉良の名前が復活する。宝永七年（一七一〇）のことであった。

参考文献
『新修世田谷区史』上巻、世田谷区、一九六二年。

小《お》田《だ》原《わら》城《じょう》

なぜ小田原評定の舞台となったのか

信玄・謙信も落とせなかった難攻不落の城

小田原城は名将武田信玄や上杉謙信でさえ落とせなかった難攻不落の城だが、城攻めの名人とうたわれた豊臣秀吉には通用しなかった。天正十八年（一五九〇）七月五日、小田原城は開城する。ここに秀吉による天下統一が完了するが、小田原籠城戦の際のエピソードから

所在地	神奈川県小田原市
城郭構造	平山城
築城主	大森頼春
築城年	応永24年（1417）

生まれたのが「小田原評定」という言葉である。いつまで経っても結論の出ない会議、相談という意味だが、なぜそんな言葉が生まれたのか。

小田原籠城戦の顛末を通して、小田原評定という言葉が生まれた背景を解き明かす。

北条五代の城となる

小田原に城が築かれたのは室町時代後期の十五世紀中頃とされる。その後、関東の覇権を目指す戦国大名の北条家が居城としたことで、鎌倉に代わり小田原が関東の中心となる。

北条早雲の名で知られる北条家初代の伊勢宗瑞は、小田原城を拠点として相模国を平定したが、息子の北条家二代目氏綱の代になると、武蔵国への進出をはかる。太田道灌の築城で名高い江戸城などを奪取した後は房総方面に侵攻し、下総国にも勢力を伸ばした。

氏綱の息子で三代目の氏康の代になっても、北条氏の版図拡大は続く。天文十五年

（一五四六）の河越城の戦いで上杉氏や古河公方足利氏などに勝利すると、上野国への侵攻を本格化し、関東を制覇する勢いを示した。

そんな北条氏に強い危機感を抱いたのが、関東侵攻を目論む越後の上杉謙信であった。謙信は越後と上野を結ぶ三国峠を越え、何度となく関東に侵攻する。永禄四年（一五六一）三月には長駆、小田原まで攻め込む。氏康は籠城戦に持ち込み、これに対抗した。

謙信は大軍をもって小田原城を包囲したが、ライバルである甲斐の武田信玄が本国越後に迫る構えを示したこともあり、攻城を断念する。包囲を解き、越後へと引き揚げた。

信玄も小田原城を包囲したことがあった。同十二年（一五六九）十月、甲斐から武蔵に侵攻した信玄は軍勢を南下させ、小田原城に迫ったが、この時も氏康は籠城戦に持ち込む。謙信と同じく信玄も小田原城の堅い守りに攻城を諦め、甲斐へと引き揚げていった。

謙信や信玄の城攻めに耐え抜いた小田原城は、早雲が奪取した頃に比べると規模をかなり拡大させていた。当初、城は現在地よりも内陸部にあたる八幡山に置かれたが、氏康の代に城郭を相模湾や東海道へと近づけることで巨大化していく。東に酒匂川、西には箱根山という天然の防衛線があったが、南の相模湾も防衛線に取り込むことで、城の防備を強化したのだ。その結果、小田原を東西に貫く東海道を巨大な城下町が作り上げられる。

関東一円を支配する戦国大名に成長した以上、居城たる小田原城の拡張は避けて通れない。関東の雄にふさわしい城でなければならなかった。

小田原城はますます難攻不落の城となったが、豊臣秀吉の小田原攻めに備えて、さらに城郭が拡張されるのである。

総構えの構築

元亀二年（一五七一）に氏康が死去すると、四代目当主の氏政が北条家を仕切ることになる。天正八年（一五八〇）、氏政は隠居して嫡男の氏直を五代目当主の座に据えたが、実権はそのまま握り、引き続き版図を拡大させていく。

一方、天下布武の旗印のもと京都を押さえる織田信長は急速に領国を拡大させる。

関東の雄として君臨する北条家もさすがに信長の前には旗色が悪かったが、天正十年（一五八二）に信長が横死すると、東海地方を領国とする徳川家康と手を結ぶ。家康との同盟により、信長の後継者として天下統一を進める豊臣秀吉と対抗しようと目論んだのだ。

しかし、同十四年（一五八六）十二月に家康が秀吉に臣従すると、状況が一変する。翌十五年（一五八七）五月には、九州を制覇する勢いだった島津家が秀吉に降伏したため、残るは関東と奥羽だけとなった。

秀吉は家康を介する形で、北条家に臣従を求めた。十六年（一五八八）八月、家康の説得に応じる形で氏政の弟氏規が上洛。秀吉に拝謁したが、和戦両様の構えを取る北条家では、既に臨戦態勢を整えていた。

島津家が降服した十五年より、秀吉が箱根から攻めてくることを想定して箱根路に山中城、足柄路に足柄城の築城を開始している。そして、両城を突破されて小田原籠城に追い込まれた場合に備え、城下町一帯を堀や土塁で囲い込む「総構え」の構築にも着手した。

全長約九キロにも及ぶ日本最大の総構えだったが、防衛線は平坦とは限らなかった。

丘陵地や湿地帯、海辺もあったが、北条家は総構の名のもとに土塁や水堀・空堀を築く。

小田原城のみならず、関東各地の支城も改築し、兵糧を搬入した。そのほか、寺院の梵鐘を大量に徴発までして鉄を確保し、鉄砲の鋳造を急がせている。さらには、農業を専業とする農民を兵士として大量動員する計画も策定し、秀吉との断交に備えた。

果たせるかな、十七年（一五八九）十一月に北条家は秀吉と手切れとなる。秀吉の小田原攻めがはじまったのは、翌十八年（一五九〇）三月のことであった。

小田原評定

秀吉軍は小田原城を目指して東海道を進む本隊のほか、北条家の関東の支城を攻める前田利家や上杉景勝などの別働隊を含め、総勢二十万人を超える大軍だった。同月二十九日より、伊豆国の韮山城や相模国の山中城で戦いの火蓋が切られたが、秀吉軍の猛攻により山中城は半日の戦いで陥落する。

わずか半日での山中城落城は北条家に大きな衝撃を与えた。足柄城に籠る北条勢の士気は一気に低下し、足柄城も早々に落城してしまう。秀吉軍は箱根を軽々と突破し、関東に雪崩れ込んでいった。

四月二日、秀吉は箱根の湯本に着陣した。五日より、小田原城を眼下に見下ろす形で聳える笠懸山で築城に取り掛かる。この城は石垣山城と呼ばれた。世に言う小田原の一夜城だ。秀吉は石垣山城に本陣を構え、長期戦に備えた。

秀吉軍は小田原城を十重二十重に包囲する一方、上野の松井田城、館林城、武蔵の川越城、江戸城、八王子城など北条家の支城を次々と陥落させた。小田原城は孤立無援に陥る。

しかし、小田原城に籠もる氏政は強気の姿勢を崩さなかった。信玄や謙信の攻城を退けた自信に裏打ちされていたからだったが、秀吉の軍勢は信玄や謙信の軍勢とは違っていた。

かつて小田原城に押し寄せた信玄や謙信の軍勢の場合、敵地で長期にわたって滞陣することはできなかった。兵農未分離であったため、農繁期になると農村から徴発した兵士たちを農地に戻さなければならなかった。

さもないと、農作物が収獲できず、ひいては年貢を徴収する側の謙信や信玄の懐に響いてくる。そのため、両者とも城攻め半ばで囲みを解き帰国したわけである。

ところが、秀吉の軍勢は兵農分離が進んでいた。農繁期になっても兵士は帰国する必要がなく、攻城を継続できた。長期戦となれば秀吉も攻城を諦めて引き揚げざるを得ないと見込んでいた氏政にとり、大いなる計算違いだった。

秀吉は、最初から長期戦を見込んでいた。石垣山城を築城し、大坂から側室の淀殿まで迎えている。じっくりと腰を据え、小田原城の落城を待つ戦略を採る。

氏政にとっては想定外の事態に他ならない。小田原城内では評定衆が集まり、善後策を練るため評議を繰り返す。

北条家は当主による専制政治ではなく、重臣で構成された評定衆の合議で重要事項が決定されるシステムが取られていた。そんな意思決定システムが家中の結束力が堅い北条家の強みとされたが、今回は裏目に出る。

想定外の事態を受け、開城するか籠城を続けるかの結論が出なかったのだ。信玄や謙信をして攻城を諦めさせた自信が評定衆の間にもあり、現状を客観視できなかったようだ。

その結果、孤立無援で落城は必至だったにもかかわらず、評議がまとまらなかった。いたずらに時が経過した。ここに小田原評定という言葉が生まれる。

一方、秀吉も手を打っていた。城内の北条家の重臣たちに寝返るよう勧誘したのだ。家臣団の結束も弱まりはじめ、寝返る重臣も現れる。城内は動揺した。

ついに、北条氏は降伏を決意する。七月五日、氏直は秀吉軍に投降した。秀吉は力攻めすることなく小田原城を開城させ、天下統一を完了させたのである。

江戸を守る城

同月十一日、秀吉の命により、氏政と弟氏照は戦いの責任を取る形で自害した。氏直はかつて家康の娘婿だったことも考慮されて助命され、高野山にのぼった。北条家は改易となり、その旧領には家康が封ぜられた。

家康が江戸城を居城とすることで関東の中心は江戸に移るが、江戸と京都を結ぶ東海道に位置していた小田原は、江戸からみると東海道に立つ最初の城だった。

小田原城は江戸を守る最前線の城として生まれ変わるのである。

参考文献

小和田哲男『戦争の日本史15　秀吉の天下統一戦争』吉川弘文館、二〇〇六年。

川《かわ》越《ごえ》城《じょう》

なぜ太田道灌は川越城を築いたのか

小江戸となる前の川越

小江戸のイメージが強い埼玉県川越市の市役所前には、川越城を父とともに築城したとされる太田道灌の像が立っている。かつて川越城の大手門があった場所だ。

東京にもほど近い川越は、蔵造りの街並みも広がるレトロな町であ

所在地	埼玉県川越市
城郭構造	平山城
築城主	太田道真、道灌父子
築城年	長禄元年（1457）

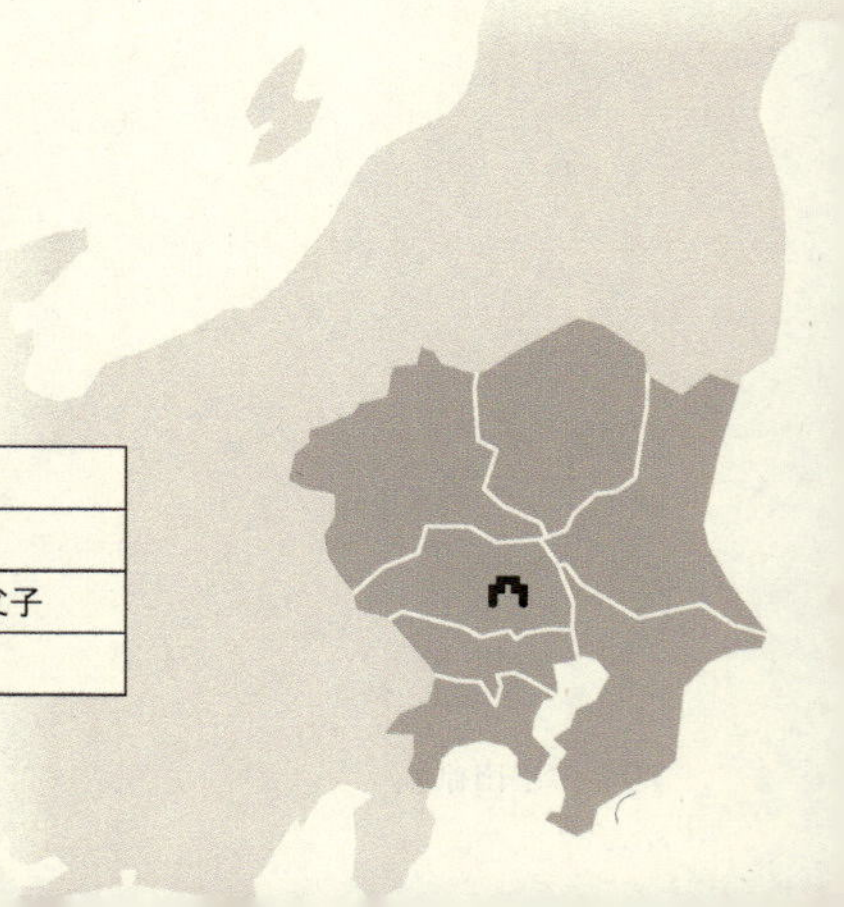

る。今では外国人観光客が大勢訪れる観光名所となっているが、もともとは関東の覇権をめぐる争乱から生まれた城下町だった。

築城の年は、長禄元年（一四五七）。戦国時代の幕開けを告げる応仁の乱が京都ではじまる十年前のことである。

川越城築城の背景を追うことで、関東では一足先に戦国時代に突入していた様子を明らかにする。

鎌倉公方足利家と関東管領上杉家の対立

室町幕府初代将軍の足利尊氏は京都に幕府を置いたが、関東にはミニ幕府ともいうべき鎌倉府を別に置いた。息子の基氏を鎌倉（関東）公方として派遣し、関東の統治を任せたのである。尊氏の嫡男義詮とその子孫が将軍職を代々継承したのに対し、義詮の弟にあたる基氏とその子孫は鎌倉公方を継いだ。

ところが、時が経つにつれ、将軍と鎌倉公方の関係が険悪化していく。鎌倉公方が幕府から独立する傾向が顕著となり、統制が利かなくなるのだ。ついには、将軍を打倒する動きまでみせはじめる。

一方、鎌倉公方とその下で政務を執った関東管領上杉家の関係も良好ではなかった。京都の将軍のもとで政務を執ったのは、足利一門の細川・畠山・斯波家など有力守護大名から任命された管領だが、鎌倉府では尊氏の母の実家でもあった有力守護大名の上杉家が、関東管領に任命されて政務を執った。

関東管領は京都の管領とは違い、上杉家が独占する。山内上杉家、扇谷上杉家、犬懸上杉家など、上杉一族のなかで交代して勤めたが、上杉氏憲（禅秀）が管領を勤めていた時に、公方足利持氏との対立が抜き差しならないものとなる。

応永二十三年（一四一六）十月、禅秀は鎌倉で挙兵する。持氏は命からがら駿河国に逃亡した。上杉禅秀の乱のはじまりだ。

さすがに幕府も事態を黙視できず、持氏救援のため禅秀討伐に乗り出す。翌二十四年（一四一七）一月、追い詰められた禅秀は鎌倉で自害し、乱は終結する。その後は上杉憲実が管領職を勤めたが、今度は持氏と憲実が対立する。

身の危険を察知した憲実が鎌倉を脱出すると、持氏は討伐軍を派遣した。窮した憲実は幕府に救援を求めるが、鎌倉公方を抑え込みたい幕府はこれを好機とし、持氏の討伐に乗り出す。永享十年（一四三八）、永享の乱のはじまりである。

戦いは幕府軍の勝利に終わり、持氏は自害して果てた。しばらくの間、鎌倉公方不在のまま、鎌倉府は運営されることになる。

文安四年（一四四七）に持氏の忘れ形見の成氏が幕府から鎌倉公方に任命されたが、やがて管領上杉憲忠（憲実の子）と激しく対立するようになる。親子二代にわたって、鎌倉公方と関東管領が対立した格好であった。

ついに、享徳三年（一四五四）に成氏は憲忠を殺害する。以後、関東は享徳の乱と称される戦乱状態に陥った。

太田道灌の登場

上杉家と交戦状態に入った成氏は、翌四年（一四五五）に鎌倉街道を北上し、武蔵の分倍河原で上杉勢を破る。敗走する上杉勢を追って、下総国の古河に入った。

ところが、成氏が鎌倉を留守にしている間に、幕府のバックアップを受けることに成功した上杉勢は反撃を開始し、鎌倉を奪還してしまう。成氏は古河を本拠地とせざるを得なくなり、以後、古河公方と呼ばれるようになる。

その後、鎌倉に足利一門が公方として入ることはなく、管領も鎌倉で政務を執ることはなかった。ここに、鎌倉府は事実上崩壊する。

享徳三年にはじまった古河公方足利成氏と上杉家の抗争つまり享徳の乱は、以後三十年近くにわたって関東全域で繰り広げられ、そのまま戦国時代へとなだれ込む。享徳の乱が呼び水となり、関東はいつ終わるとも知れない戦乱の時代に入った。

応仁の乱よりも、十年以上も早く享徳の乱ははじまっていた。関東は全国に先駆ける形で戦国時代に突入したのである。

関東での戦国時代の幕開けを告げる享徳の乱を通じて、その名を轟かせた武将がいる。太田道灌その人だ。

永享四年（一四三二）に生まれたとされる道灌は、扇谷上杉家の家宰を勤める太田道真の嫡男であった。家宰とはその家の筆頭家老職のような役職で、政務の補佐役のみならず、合戦の際には当主に代わって軍勢を指揮することもあった。

当時、扇谷上杉家の家宰は太田氏、山内上杉家の家宰は長尾氏が勤めていた。相模国を基盤にしていた扇谷上杉家は武蔵国南部に勢力を広げる一方、山内上杉家は上野国から武蔵北部へ勢力を広げ、共同して古河公方と対峙した。

だが、武蔵にも古河公方の拠点・騎西城があった。利根川を挟み、その北東に古河が控えており、同城は武蔵制圧をはかる古河公方の前線基地という戦略的な位置を占めた。

そのため、上杉家としては騎西城ひいては古河公方への備えとして、同じ武蔵に軍事拠点を構築する必要があった。そこで、扇谷上杉家は家宰の太田道真・道灌父子をして、長禄元年に川越城そして江戸城を築城させたわけだ。川越城には扇谷上杉家の当主持朝と道真、江戸城には道灌が入城する。

なかでも、関東の中央部を抑える形で展開する武蔵野台地に築城された川越城は、台地の周囲を流れる現在の新河岸川が天然の堀としての役割を果たしたことで、武蔵一国にとどまらず関東の要衝となっていく。古河公方にしてみると、騎西城の前面に立ち塞がる形で上杉家の川越城がある限り、これ以上の武蔵侵攻は難しかった。

道灌の死

上杉家は川越城を拠点として、古河公方の封じ込めをはかる。

文明三年（一四七一）に、上杉勢は古河城を陥落させて成氏を敗走させたが、翌四年（一四七二）には成氏の反撃に遭って古河城を奪還された。享徳の乱はいつ終わるとも知れなかったが、さらに戦いを長期化させる事件が起きる。

山内上杉家の家宰は長尾景信が勤めていたが、五年（一四七三）に死去すると、同家当主の顕定は弟の忠景を家宰に任命する。ところが、この人事に景信の嫡男景春が反発した。自分が家宰職を継げると思っていたからだ。

九年（一四七七）、景春は敵対していた成氏と手を結び、上杉家に反旗を翻した。上杉家の分裂により、扇谷上杉家の家宰を勤める道灌は成氏のみならず景春との戦いも強いられるが、関東の要衝である川越城は上杉家の拠点として大いに威力を発揮する。道灌の八面六臂の活躍により、景春側の旗色は悪くなり、やがて没落する。十二年（一四八〇）に、長尾景春の乱は終わった。

景春と手を結んでいた古河公方の成氏も形勢悪化を受け、上杉家つまりは幕府との和睦を志向するようになる。十四年（一四八二）に幕府と成氏の間に和睦が成立し、約三十年にわたる享徳の乱は終焉を迎えた。

享徳の乱を通じて道灌の雷名は関東に轟き、主家の扇谷上杉家の勢威も拡大していくが、これに不満を抱いたのが山内上杉家である。上杉家のなかでは庶流だった扇谷上杉家が、道灌の力により格上の山内上杉家を凌ぐ勢いとなったからだ。

扇谷上杉家当主の定正は山内上杉家当主の顕定に唆される形で、道灌を謀殺する。文明十八年（一四八六）七月二十六日のことであった。

◆長享の乱の勃発

道灌の死は、武蔵や相模をはじめ関東一帯を騒然とさせる。道灌の威望で関東はしばしの平穏に浸っていたが、再び情勢が流動化していく。

長享元年（一四八七）、対立が深まっていた山内上杉家と扇谷上杉家が手切れとなる。再び関東は長い戦乱状態に突入した。長享の乱のはじまりである。以後は両上杉家の間で、道灌が築城した川越城の争奪戦が繰り広げられていく。

宇《う》都《つの》宮《みや》城《じょう》

なぜ釣天井事件が起きたのか

宇都宮釣天井事件

歴代の徳川将軍家が家康を祀る日光東照宮に参詣する際に宿泊所となっていた宇都宮城は、譜代大名が城主となるのが慣例だった。ところが、将軍を亡き者にしようとした城主がいたという。

家康の側近だった宇都宮城主の本多正純が城内に釣り天井の仕掛け

所在地	栃木県宇都宮市
城郭構造	輪郭梯郭複合式平城
築城主	藤原秀郷または藤原宗円
築城年	平安時代末期

を施し、二代将軍徳川秀忠の命を奪おうとした話が巷間伝えられている。世に言う「宇都宮釣天井事件」である。そんな事実などなかったのに、なぜ正純が秀忠の命を狙うという話が作り上げられ、世間に流布していったのか。

宇都宮釣天井事件を通して、一枚岩を誇ったはずの徳川家臣団の真実に迫る。

徳川家臣団の内部抗争

三河の戦国大名から征夷大将軍にまで上り詰めた徳川家では、家康の創業を支えた三河時代からの譜代の家臣たちが最も重んじられた。いわゆる「三河譜代」である。家康に対する忠誠心も強かった。

家康は三河を統一した後、版図を東へ拡大させていく。遠江・駿河・甲斐・信濃を領国とする過程で今川家や武田家の旧臣を家臣団に編入し、同じく譜代の家臣として位置付けた。江戸開府後は、一万石を超える家臣は譜代大名として幕政に参与させ、それ以下の家臣は幕臣（旗本・御家人）として幕府の実務官僚と位置付けた。

一代で立身出世したため子飼いの家臣が少なかった豊臣秀吉とは対照的に、父祖以来の三河譜代の家臣を大勢抱えていたことは家康の強みとされる。しかし、家康が天下人になるまでは一枚岩を誇った徳川家臣団も、江戸開府後は事情が異なってくる。三河譜代の家臣たちの間で、幕政の主導権をめぐり抗争が勃発したのだ。いわば、豊臣家臣団が石田三成たち文治派と加藤清正たち武断派の家臣に分かれて激しい抗争を繰り広げた構図と同じである。

江戸開府直後、幕府政治で重きをなした人物が二人いる。一人は本多正信、もう一人は大久保忠隣であった。

本多正信は家康の謀臣として知られるが、家康に反発して三河の一向宗徒が起こした一向一揆では一揆勢に属した。そのため、一揆が鎮圧されると加賀国に逃亡するが、後に赦免される。その後は家康が最も信頼する家臣となり、行政面で手腕を発揮した。

家康に代わって秀忠が将軍の座に就くと、秀忠付の年寄役に任命される。後に、この年寄役が幕府の閣僚を意味する老中と呼ばれるようになる。

しかし、秀忠に将軍の座を譲ったとはいえ、引き続き幕府の実権を握っていたのは「大御所」と呼ばれた家康であった。これを俗に「大御所政治」と呼ぶ。

そして、正信の嫡男正純は家康付の年寄役を勤める。親子で家康と秀忠の補佐役を勤めた格好だ。

一方、大久保忠隣は戦場で粉骨砕身して家康の創業を支えた大久保一族の出身である。家康の小姓からスタートした忠隣は武功を挙げる一方で、その事務能力が高く評価され、側近として台頭する。秀忠が将軍となると、正信と同じく行政手腕が買われて秀忠付の年寄役に任命される。

まさしく、本多正信・正純父子とはライバル関係にあった。両者は幕府内で暗闘を繰り広げていたが、その抗争に決着がつく時がやってくる。

◆大久保忠隣の失脚

慶長十八年(一六一三)四月二十五日、代官頭や国奉行、金山奉行などの要職にあった大久保長安が死去した。武田家旧臣の長安は忠隣の引きで家康に仕えたが、甲斐や関東などの領国経営で手腕を発揮する。

江戸開府後も忠隣の右腕として幕府領の支配にあたる一方で、佐渡や伊豆の金山・

鉱山の奉行として活躍し、幕府の財政を大いに潤す。江戸城の普請でも手腕を発揮したが、その死後、生前中の不正が発覚する。

金山や鉱山から得た金銀を隠匿したばかりか、幕府転覆も計画したというのだ。吟味の結果、長安の家は改易となり七人の子供も死罪に処せられた。長安と縁があった大名や旗本も連座する形で処罰されたが、忠隣にも魔の手が忍び寄っていた。

当時は豊臣家が大坂城で健在だった。代って天下人となった家康としては、その動向には神経質にならざるを得なかったが、なんと忠隣が豊臣家に内通しているとの訴えが家康のもとに届けられる。同年十二月のことであった。

忠隣を陥れる讒言だったようだが、これを信じた家康は翌十九年（一六一四）正月、忠隣を改易に処す。この事件を機に、大久保家は幕府から冷遇され、雌伏の時が長く続く。

忠隣失脚の真相はよく分からないが、正信・正純父子の策動があったともいう。その真偽はともかく、忠隣失脚を機に正信・正純父子の権勢がいっそう強まったのは確かだ。大坂の陣がはじまったのは、それから九カ月後の十月のことである。

慶長二十年（一六一五）五月、大坂城は落城して豊臣家は滅亡した。幕府の礎は固まったが、翌元和二年（一六一六）四月に家康が死去し、将軍の秀忠が名実ともに幕府の実権を掌握すると、今度は正純の立場が危うくなる。

家康死去の二カ月後に正信も後を追うように死去したため、正純は父に代わって秀忠付の年寄役に加えられた。同役には酒井忠世、安藤重信、土井利勝の三名がいたが、家康の信任を得て絶大な権勢を振るったことが仇となり、正純は秀忠にとり煙たい存在であった。家康付の年寄役として権勢を振るった正純にも、無意識のうちに秀忠を軽んじた言動があったのかもしれない。

しかし、家康の信任が厚かった正純の功績は無視できず、同五年（一六一九）には所領を十五万五千石とした上で宇都宮城を与えた。約十万石もの加増だったが、早くも三年後には秀忠の不興を買い、忠隣と同じ運命を辿るのである。

本多正純の改易

豊臣家滅亡後も、幕府は様々な理由をつけて諸大名を改易に処することにより権力基盤の強化をはかった。外様大名はもちろん、譜代大名や徳川一門の大名も例外ではなかった。

元和五年（一六一九）六月、上洛していた秀忠は豊臣恩顧の広島城主福島正則を改易に処した。諸大名が幕府の許可なく城を普請することは禁じられていたにもかかわらず、正則がその禁令に背いて広島城を普請したことが理由だった。

不測の事態に備え、中国・四国の諸大名には広島への出陣が命じられた。福島家も広島城開城を拒否する構えをみせたが、結局のところは開城に応じ、籠城戦は起きなかった。

その折、正純は秀忠に対し、正則を改易に処すれば与する大名が十人ばかりは出るだろうと申し立て、改易を取り止めさせようとしたという。ところが、正則に与する大名は一人もいなかった。諌止された格好の秀忠は正純に事実関係を問い糺したところ、根拠のない話だったことが判明し、後に正純改易の理由の一つに挙げられる。

同八年（一六二二）四月、家康七回忌のため秀忠は日光東照宮に参詣している。往路も帰路も正純が城主である宇都宮城に宿泊する予定だったが、帰路は宿泊を取り止めている。理由は不明だが、これが宇都宮釣天井事件の話のもとになる。

そして、運命の同年十月がやって来る。

山形城主の最上家が御家騒動で改易されたことで、正純が山形城受け取りのため出向くことになった。山形に到着した頃、追いかけるように江戸から正純改易の申し渡しが届く。江戸を遠く離れ、宇都宮城にも在城していなかった時を狙い撃ちにした形だった。

秀忠自身は、正純改易の理由を次のとおり有力外様大名に説明している。先の福島正則改易の時に何の根拠もない話を申し立て、あたかも自分を脅すような行為に及んだのは許し難い。この八月十六日に、宇都宮城は自分には不似合いの城だと秀忠に申し立てたのは不届きである。

以上二つの理由により、改易に処したと秀忠は説明したが、正純の存在や言動に不快感を抱き続けていた秀忠が、江戸を離れた時機を捉えて幕閣から追放したのだ。改易の理由は後付けだったとみるのが妥当だろう。

しかし、世間は突然の正純改易に不審感を抱く。本当の理由が詮索されるなか、宇都宮城の宿泊取り止めが注目される。その結果、宇都宮釣天井事件が作り上げられていったのである。

生まれながらの三代将軍家光

目の上のたんこぶだった本多正純を改易した後、秀忠はかねてから不穏な言動が問題視されていた越前福井城主の松平忠直の処分に取り掛かる。忠直は徳川一門の大名で秀忠の甥にもあたっていたが、翌九年（一六二三）二月に改易に処す。

この頃、幕府内では秀忠が家光に将軍職を譲る政治日程が組まれていた。七月に家光は三代将軍となるが、その前に家光の負担となるような難しい政治問題は自らの手で処理しておきたかったのだろう。

秀忠にとってみれば、家康付の年寄役として権勢を振るった正純が家光の時代まで政治的影響力を持つのは何としても避けたかった。そんな思いが、突然の正純改易に走らせた。宇都宮釣天井事件が生まれる原因にもなったのである。

参考文献　山本博文『お殿様たちの出世』新潮選書、二〇〇七年。

水《み》戸《と》城《じょう》

なぜ水戸藩主は水戸城に住まなかったのか

徳川御三家水戸藩の居城

水戸城は徳川御三家の一つ水戸家の居城だが、同じく御三家である尾張家の名古屋城や紀州家の和歌山城に比べると、江戸時代を通じて藩主が在城した期間はたいへん短い。藩主が水戸に戻ることはあまりなく、江戸藩邸で過ごす期間が非常に長かったからである。

所在地	茨城県水戸市
城郭構造	連郭式平山城
築城主	馬場資幹
築城年	建久年間(1190－98)

なぜ、水戸藩主は水戸城に住む期間がたいへん短かったのか。言い換えると、江戸在府期間が長期化したことは同藩にどんな影響を与えていたのか。

水戸藩主の居城だったはずの水戸城を取り巻く歴史を追うことで、幕末に露わとなる水戸藩の複雑な御家事情に迫る。

◇参勤交代しなかった大名

幕府が諸大名に発した武家諸法度で、参勤交代の義務を課したことはよく知られている。一年おきに江戸に出府つまり参勤させ、一年間、江戸藩邸で過ごさせた後、他の大名と江戸参勤の義務を交代するという形で国元に帰国させた。だが、対象外の大名もかなりいた。

まず、老中など幕府の役職に就いた大名は対象外となる。言うまでもなく、政務に支障が生じるからである。

幕府の役職に就けるのは、原則として譜代大名に限定された。常設の役職としては、老中・若年寄・京都所司代・大坂城代・寺社奉行・奏者番・側用人が挙げられる。臨時の役職としては、井伊直弼に象徴される大老職がある。合わせて四十～五十名ほどだ。

徳川御三家は幕府の役職に就くことはなかったが、将軍を補佐するため幕命により江戸に在府し続けることがあった。参勤交代の義務はあったものの、将軍が幼少の場合は対象外となったわけだ。十一歳で四代将軍となった家綱の時などは、その一例である。

水戸藩に至っては幕命がなくても、江戸に在府する期間が長く、国元に戻ることがむしろ稀だった。将軍補佐の役割を期待する御三家のうち一家でも常に在府していた方が、幕府としては都合が良かったようだ。水戸が江戸に近かったことも大きかった。そのため、参勤交代の対象外、つまり江戸に常駐する大名とみなされるようになる。なお、水戸から江戸までは二泊三日の行程である。

江戸に常駐する大名、すなわち江戸定府と位置付けられていた大名もいる。大半は一万石ほどの小藩だった。参勤交代に伴う出費に耐えられない懐事情に幕府が配慮し、江戸常駐を認めたのだろう。

幕府の役職に就いた譜代大名や定府大名以外の大名は、参勤交代の義務を果たさなければならなかったが、個々の事情により参勤交代が免除される場合も少なくない。例えば、加賀百万石の前田家の場合、①藩主が病気の時、②藩主が幼少の時、③居城の金沢城が焼失した時、④領内が飢饉の時に参勤が免除されることがあった。

加賀藩に限らず、藩主が病気・幼少、あるいは居城の焼失や領内の飢饉といった非常事態に直面した藩には、幕府は個々の事情を勘案した上で参勤を免除している。

幕府から課された役務を国元で果たすため、江戸在府期間の短縮という形で参勤交代の義務を緩和された事例もある。その分、在国の期間を長くしたのだ。

有力外様大名の福岡藩黒田家と佐賀藩鍋島家は長崎港の警備に毎年交代であたること（「長崎御番」）が命じられたが、それに伴い両藩の在府期間は約四カ月に短縮されている。毎年十一月に江戸に参勤すると、早くも翌年二月には国元への帰国が許されたのだ。

福岡・佐賀藩による長崎港警備を補完する役割を担った肥前唐津藩と島原藩も、在府期間は約九カ月に短縮された。毎年六月に参勤し、翌年二月に帰国が許されるというサイクルだった。

幕府から蝦夷地の警備を託された松前藩は三年に一度、朝鮮との外交・通商事務を委託された対馬藩は五〜六年に一度の江戸参勤だった。両藩にしても、幕府からの役務を果たすため、参勤交代の義務を緩和されていたのである。

◈尾張・紀州藩への対抗心

現在のJR水戸駅の近くに立つ水戸城は、常陸国を流れる那珂川と千波湖の間の台地の上に築かれている。鎌倉時代初期に馬場氏によって築かれた城郭は、その後江戸氏、佐竹氏と城主が変わる。

関ヶ原合戦により天下人となった徳川家康は水戸城主の佐竹義宣に対し、出羽国秋田への転封を命じる。そして、自分の子を次々と水戸城主の座に据えた。

それだけ、家康は江戸城にも近い水戸城を重視していた。奥州にも近かったことから、仙台藩伊達家を筆頭とする東北の外様大名への抑えの城にしようと目論んだわけだ。

まず、五男で武田家の養子としていた信吉に十五万石を与えて水戸城主とするが、信吉が早世したため、十男の頼宣に二十万石を与えて城主とした。その後、頼宣を駿府城主として駿河五十万石に移封することになったため、今度は十一男の頼房に二十五万石を与え、水戸城主とした。慶長十四年（一六〇九）のことである。

初代水戸藩主の徳川頼房は城郭を拡張するとともに、軍事力強化のため盛んに藩士を取り立てた。しかし、拡張工事の費用に加えて人件費もかなり増加したことで、藩財政にしわ寄せがいってしまう。水戸藩としては、収入をアップさせなければならなかった。

寛永十八年（一六四一）、水戸藩は領内で検地を行い、年貢を新たに賦課できる土地として七万六七八六石を得た。当時の水戸藩の表高は二十八万石だが、この検地により実際の収獲高（内高）は三十六万石余にアップする。

表高とは幕府から認定された石高のことで、内高と相違しているのはごく普通のことだった。というよりも、内高が表高をかなり上回っていることが多い。

尾張藩の表高六十二万石、紀州藩の表高五十五万石に比較すると、同じ御三家でも水戸藩の表高はかなり低かったが、当時は石高つまり表高で格式が決められるのが慣例である。そのため、両藩の藩主は大納言まで昇進できたのに対し、水戸藩主は中納言止まりだった。

水戸藩としては、少しでも表高を両藩に近づける必要があった。元禄十四年（一七〇一）には幕府へ申し出て表高を二十八万石から三十五万石に改め、内高とほぼ同じになる。だが、表高に連動してアップした格式を維持するための費用が新たな財政負担を強いた。

一方、検地により年貢を新たに賦課できる土地として七万六七八六石を得たが、その分年貢の負担が増す以上、領民側の不満は大きかった。結局は、年貢をスムーズに徴収できなくなり、期待したほどの収入の増加はなかなか得られなかったのが実情だった。

こうして、水戸藩は財政難に苦しむようになるが、それに拍車を掛けたのが江戸在府の長期化なのである。

江戸在府の長期化による財政難

江戸と国元を往復する参勤交代が大名に多大な負担をもたらしたことはよく知られているが、それ以上に負担だったのが江戸在府に伴う諸費用だ。藩主だけでなく大勢

水戸藩の藩邸だった小石川後楽園

の藩士たちも江戸藩邸で共同生活を送ったことで、藩の支出が莫大な額に達する。

言い換えると、それだけ諸大名は江戸にお金を落とした。江戸の消費経済は参勤交代の制度、すなわち諸大名が江戸在府中に落とす莫大な金に大きく依存していた。

その結果、諸大名の年間経費つまり歳出の半分以上が江戸で消える。江戸在府の年、加賀藩や土佐藩は六〜七割、秋田藩や越後長岡藩、備中松山藩などに至っては歳出の四分三前後が江戸で消えたという。

しかし、水戸藩のように国元つまり水戸城に戻ることが稀な大名に至っては、隔年ではなく毎年、歳出の半分以上が消えていた。これでは藩財政の悪化は避けられない。

参勤交代により藩主も藩士も江戸と国元の間を行き来したことで、いずれの藩も江戸と国元の交流がはかられるメリットがあったが、水戸藩は事実上の定府大名だった。水戸藩主が水戸城に在城することはあまりなかった。

そのため、水戸藩は他藩とは異なり、江戸と国元の交流もあまりなかった。江戸詰藩士と国元の藩士はどうしても意思の疎通に欠けるきらいがあった。

こうして、水戸藩は藩内が一枚岩になりにくい藩となってしまう。幕末に藩内抗争が繰り返される一因にもなるのである。

幕末の水戸藩と水戸城

幕末に入ると、水戸藩は尊王攘夷運動で政局の主導権を握る。

しかし、幕府を窮地に追い込む運動でもあったことから、尊王攘夷を藩論とすることに反発する藩士も少なくなく、藩内は分裂状態に陥った。元治元年（一八六四）には内戦まで起きる。いわゆる天狗党の乱である。

一連の藩内抗争は水戸藩を幕末の政局から退場させていった。戊辰戦争の最中にあたる明治元年（一八六八）十月一日には、水戸城下で激しい市街戦まで展開され、三の丸にあった藩校弘道館が焼失する。
水戸藩の複雑な御家事情が生んだ悲劇であった。

参考文献
安藤優一郎『参勤交代の真相』徳間文庫カレッジ、二〇一六年。

浜《はま》松《まつ》城《じょう》

なぜ出世城と呼ばれたのか

出世城

浜松城は出世城の異名を持つ城である。

江戸時代、老中など幕府の要職に登用された城主が多かったことから、いつしか出世城と呼ばれるようになったが、実際のところ、浜松城主となった大名はどういう出世を遂げたのか。

所在地	静岡県浜松市
城郭構造	梯郭式平山城
築城主	今川貞相?
築城年	永正年間(1504－20)

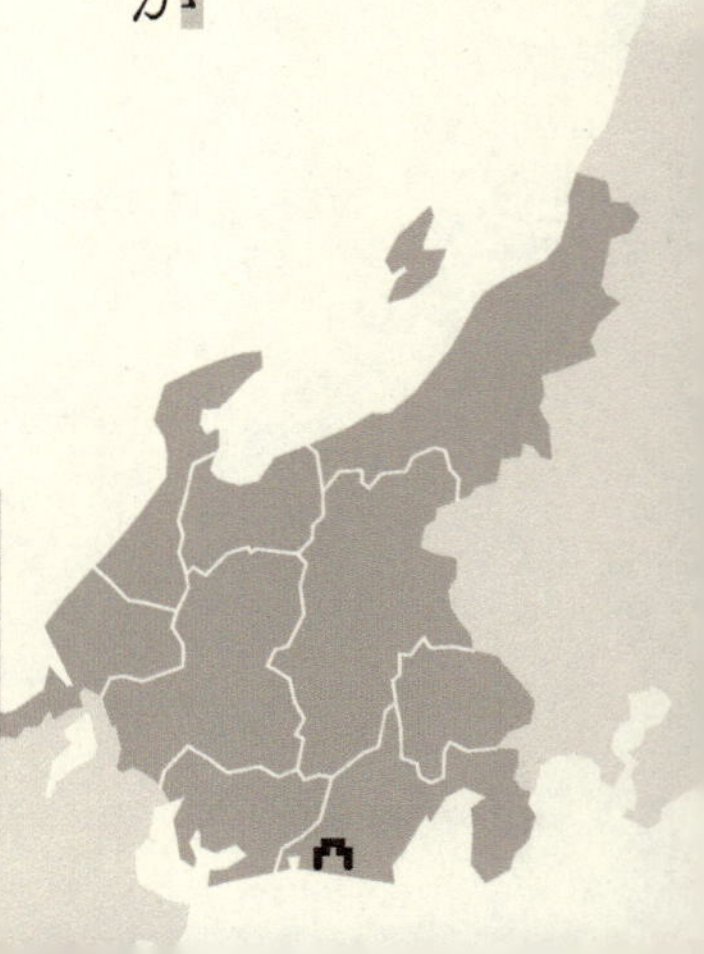

天保の改革を断行したことで知られる老中水野忠邦を事例として、浜松城を居城とした大名のその後を追う。

徳川家康と浜松城築城

浜松城が出世城と呼ばれるようになった前提として、かつての城主徳川家康の天下人への出世街道は外せない。天文十一年（一五四二）、家康は三河国の岡崎城主松平広忠の嫡男として生まれた。

当時、松平家は駿河・遠江国を支配する戦国大名の今川義元への隷属を余儀なくされていたが、永禄三年（一五六〇）の桶狭間の戦いが家康の運命を大きく変える。尾張の織田信長が義元を討ち取ったからだ。

今川家の隷属下にあった家康はこれを好機とし、同家から独立する。岡崎城も回復した。

さらに、敵対していた信長と同盟を結ぶ。つまりは今川家と断交し、三河の戦国大名として独立する道を歩みはじめる。同六年（一五六三）、嫡男の竹千代（後の信康）

と信長の娘徳姫の婚約も整い、名実ともに織田・徳川同盟が成立した。

信長との同盟で西方に不安がなくなった家康は、東方へ版図を拡大する。吉田・田原・牛久保城など東三河に点在する今川方の諸城を奪取し、九年（一五六六）に三河統一を実現する。三河一国を掌中に収めた家康は松平から徳川に改姓し、徳川家康の誕生となった。

桶狭間の戦いで義元が討ち取られて以来、今川家はかつての勢いを失っていたが、これに目を付けたのが甲斐の戦国大名武田信玄である。信玄は今川家の領国駿河を狙うが、家康は同じく今川領の遠江を狙っていた。

両者の利害は一致し、今川家の領国を分け合う密約を結ぶ。十一年（一五六八）、家康は遠江、信玄は駿河に攻め込み、各々の領国とした。ここに、戦国大名の今川家は消滅する。

家康は東方の遠江を手に入れたが、駿河を領国に加えた信玄の次の狙いは遠江だった。信玄の侵攻に備えるため、家康は遠江一帯を見通せる三方ケ原の東南端に城を築くことを決める。

この地には既に引馬城があったが、家康は城郭を拡張して遠江支配の拠点とすることを目指す。名前も浜松と改称した。元亀元年（一五七〇）、岡崎城は嫡男の信康に任せ、自らは居城を浜松城に移し、遠江の支配に力を入れる。家康二十九歳の時だった。

以後十七年間、家康は浜松城主として戦国の世を生き抜くが、同三年（一五七二）には浜松城近くの三方ケ原で遠江に侵攻してきた信玄の軍勢に大敗を喫する。三方ケ原の戦いだ。命からがら、家康は浜松城に逃げ戻る。

そんな試練もあったが、信玄の死を契機に巻き返しに転じた家康は、遠江から武田勢を掃蕩する。天正十年（一五八二）には信長とともに武田家を滅ぼし、駿河を手に入れた。

本能寺の変で信長が横死すると、その混乱に乗じ、織田家の領国となっていた武田家の旧領甲斐や信濃を手に入れ、五カ国を領する全国有数の戦国大名に成長する。家康の居城は引き続き浜松城だった。同十二年（一五八四）に羽柴（豊臣）秀吉を破った尾張の小牧・長久手の戦いも、浜松城主時代のことである。

十四年（一五八六）、家康は上洛して秀吉に臣従する。その後、駿河の駿府城に居城を移したが、十八年（一五九〇）には五カ国を取り上げられて関東に移封されたため、浜松城との縁はいったん切れる。

しかし、慶長五年(一六〇〇)の関ヶ原合戦に勝利し、豊臣家に代わって天下人の座に就くと、浜松城は再び家康の手に戻った。以後、家臣から取り立てた譜代大名が浜松城主に据えられるのが慣例となる。

幕閣入りを望む水野忠邦

浜松城は家康自身が十七年も居城とした城であるだけでなく、戦国大名として大いなる飛躍を遂げ、天下人へと出世する足掛かりを得た城だった。家康にとっても出世城に他ならない。

そうした由緒も相まって、浜松城主となったのは、幕府の役職つまりは要職に就ける譜代大名に限られた。常設の要職としては大老・老中・若年寄・京都所司代・大坂城代・寺社奉行・奏者番などが挙げられる。

そのため、数ある城のなかでも浜松城を居城とする譜代大名が幕府要職に就任する確率は自然と高くなる。幕閣のトップである老中に五名、老中に次ぐ地位にあった京

歴代城主の多くが幕府重役に出世した浜松城

都所司代と大坂城代には二名ずつ就任しており、いきおい要職に就任できる出世城という異名を取ることになった。

よって、将軍の信任のもと天下の政治に参画したい譜代大名は、その城主となることを強く望む。一大名から天下人に上り詰めた初代浜松城主の神君家康にあやかりたい気持ちもあっただろう。

そんな浜松城主のなかで最も立身出世を遂げた人物こそ、天保の改革を断行した老中水野忠邦だった。まずは、水野家の由緒からみていこう。

家康の母於大の方は、尾張と三河にまたがって勢力を誇った水野忠政の娘である。水野家は家康の母の実家ということで大名に取り立てられ、譜代大名として幕閣の要職に就任することも多かった。

ところが、忠邦から数えて六代前の忠之が老中に就任して以来、五代にわたって老中として幕政に携わった者はいなかった。唯一、忠邦の祖父にあたる忠鼎が奏者番に就いただけである。

当人の能力や運もあっただろうが、当時の水野家が肥前国の唐津藩主だったことが幕府要職への道を閉ざしていた。天下の政治を動かすことを強く望む忠邦は、国替えによって自分の念願を果たそうとする。

唐津から浜松への転封

唐津藩には、幕府からある役務が課せられていた。同じ肥前の島原藩とともに、福岡・佐賀藩による長崎港警備を補助する役務である。そのため、幕府の要職には就けないのが当時の慣例だった。

文化十二年(一八一五)、二十二歳になった唐津藩主の忠邦は奏者番を拝命する。奏者番(定員二十~三十名)は大名が江戸城で将軍に謁見する際の披露役である。

譜代大名は奏者番を皮切りに老中などの要職へと出世するのが習いで、若手の譜代大名が任命される役職と位置付けられていた。

ただし、要職といっても政治職ではないため忠邦でも就任できたが、唐津藩主である限りはここまでだった。

奏者番のなかから、四~五名が大名役の寺社奉行を加役として勤めた。これは政治職であり、寺社奉行を経て老中への道が開けていく。しかし、唐津藩主である限り寺社奉行を勤める資格はなかった。

当時は十一代将軍の家斉の治世下だったが、その厚い信任を得ていたのが側用人の水野忠成である。忠邦は忠成に対し、唐津からの転封を懇願した。裏では相当の金品が動いていたことは言うまでもない。

そのかいあって、同十四年(一八一七)九月十日に忠邦は寺社奉行を拝命する。これは唐津からの転封を意味する人事でもあったが、果たせるかな、翌十一日、浜松への移封が命じられる。浜松藩主井上正甫が陸奥国の棚倉、棚倉藩主小笠原長昌が唐津へという三方領知替えであった。

以後、忠邦は順調に出世する。文政八年(一八二五)に大坂城代、翌九年(一八二六）に京都所司代、十一年（一八二八）には西丸老中として江戸に戻った。天保五年（一八三四）に本丸老中、十年（一八三九）には老中首座に就任する。

天下の政治を動かしたいという望みは、ここに果たされた。浜松城が出世城であることを身をもって示した格好である。忠邦は四十六歳になっていた。

失脚と山形への転封

天保十二年（一八四一）五月、忠邦は天保の改革の開始を宣言する。強力な指導力のもと幕府の立て直しをはかったが、士庶の猛反発を受ける。改革は二年余りで失敗に終わり、忠邦は老中辞任に追い込まれる。

その後老中に再任されるが、日ならずして再び辞任に追い込まれる。弘化二年（一八四五）九月には、一万石減封の上、隠居謹慎を命じられた。嫡子忠精が家督を継ぐが、同時に出羽国の山形への移封となる。事実上、懲罰としての転封だった。

浜松城主の座を得ることで老中にまで上り詰めたものの、改革政治の失敗により老中も浜松城主の座も失った忠邦は、失意のうちにこの世を去る。嘉永四年（一八五一)二月のことであった。

参考文献

北島正元『水野忠邦』吉川弘文館、一九六九年。

上《うえ》田《だ》城《じょう》

なぜ家康は上田城を築いたのか

真田昌幸と真田幸村

長野県上田市というと、真田家のイメージが強い観光地である。徳川家康の大軍を二度にわたって撃退した上田城は、そんな真田家の象徴となっている城だ。

ところが、上田城は真田家の城ではあるものの、もともとは家康の

所在地	長野県上田市
城郭構造	梯郭式平城
築城主	真田昌幸
築城年	天正11年(1583)

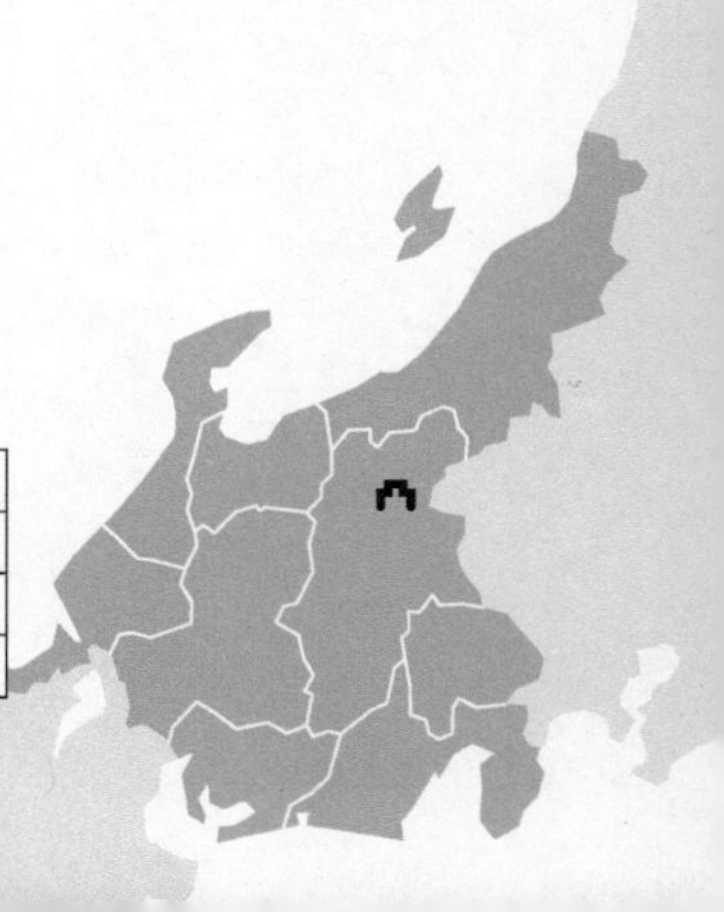

援助を受けて築城されたことはあまり知られていないだろう。
本能寺の変の後、信濃・甲斐・上野を戦場として繰り広げられた天正壬午の乱を通じて、知られざる上田城築城の経緯に迫る。

◈本能寺の変と天正壬午の乱

信濃国小県郡真田郷が発祥の地とされる真田家は、幸綱の代に武田信玄に仕えた。そして、失っていた本領の真田郷を回復する。当時の居城は、松尾城とも呼ばれた真田氏本城という山城だった。

その後、真田家は上野国への侵攻を目指す武田家の尖兵として活躍し、上野国の吾妻郡や利根郡にも勢力を伸ばした。ところが、天正十年（一五八二）三月に織田信長によって主家の武田家が滅ぶと、真田家も滅亡の危機に瀕する。

当時の真田家当主は、幸綱の三男にあたる真田昌幸だった。昌幸は武田家に殉ずる道は採らず、信長に帰属した。武田家旧領（甲斐・信濃・駿河・上野）のうち、家康に与えられた駿河以外は織田家の領国となり、上野と信濃の佐久・小県郡は織田家重臣滝川一益の支配地となった。昌幸は滝川の与力という形で真田家の存続をはかる。しかし、武田家滅亡から三カ月も経たないうちに、天下を驚愕させる大事件が起きる。六月二日に起きた本能寺の変だ。

信長の突然の死を受け、織田家の領国は大混乱に陥る。武田家旧領の甲斐・信濃・上野はその典型的な地域だった。

この三カ国を舞台に繰り広げられた戦乱を、最近では「天正壬午の乱」と称する。それまで信長に恐れをなしていた北条氏政や上杉景勝が、この三カ国への侵攻を開始し、これに徳川家康も絡んでくるのである。

六月十九日、関東の雄・北条家は上野と武蔵の国境を流れる神流川で、滝川一益を破った。大敗した滝川は本拠地の伊勢まで逃げ戻るが、この間、昌幸は沼田・岩櫃城などを確保し、かつての勢力範囲だった吾妻・利根郡を回復する。

真田郷にも近い信濃の川中島四郡は織田家重臣森長可に与えられていたが、越後の上杉景勝が攻め込んできたため、森も本拠地の美濃へ逃げ戻る。いったん昌幸は信濃に侵攻した上杉家に帰属したが、北条勢が上野から信濃に侵攻してくると、上杉家のもとを離れて北条家に帰属した。七月九日のことである。

信濃に入った北条勢は甲斐にも食指を伸ばすが、信長と同盟していた家康がその前に立ち塞がる。武田家滅亡後、甲斐は織田家重臣河尻秀隆に与えられたが、本能寺の変後に武田家旧臣たちによって殺害されてしまう。

その混乱に乗じ、家康は駿河に加えて甲斐まで手に入れる。これで三河・遠江・駿河・甲斐四カ国を領する戦国大名となったが、信濃侵攻も目指したため、北条家との武力衝突は時間の問題となる。一方、北条勢は信濃から甲斐へと侵攻してきた。

北条家の傘下に入っていた昌幸だが、家康の誘いを受けて北条家のもとを去り徳川家に帰属する。九月二十八日のことである。その方が勢力を拡大できると見込んだからだ。

信濃との国境に近い上野の吾妻・利根郡を支配下に置く昌幸が徳川方に寝返ったことで、上野から信濃そして甲斐に侵攻していた北条勢は補給路や退路を断たれる。結局、徳川家と北条家は和議を取り結ぶが、昌幸はその条件に憤激することになる。

◆上田城の築城

昌幸のため補給路や退路を断たれた北条勢は信濃での影響力を低下させるが、それに乗じる形で、昌幸は本領真田郷があった小県郡の平定を目指す。家康も昌幸による小県郡平定戦をバックアップした。

しかし、家康を後ろ盾にした昌幸の動きに、小県郡にも近い川中島四郡を押さえていた上杉景勝は強い警戒心を抱く。昌幸と家康は川中島四郡を狙っているのではないか。

天正十一年（一五八三）三月二十一日、昌幸は小県郡にあった上杉方の虚空蔵山城を攻撃した。上杉勢は多大な損害を出しながらも、真田勢の撃退に成功する。その勢いで反攻に転ずるのは必至であり、家康としては上杉勢への備えを固める必要があった。

そこで家康が計画したのが、北国街道の要衝尼ケ淵に城を築くことだった。翌四月より、家康の援助を受けて築城が開始される。

この城こそ上田城である。小県郡を支配するのに都合の良い上田盆地に位置していた。

当時の上田城は、堀と土塁で城を囲み、城の出入り口は石垣で固めるだけの簡素な造りの平城だった。だが、南を流れる千曲川と東に流れる神川が天然の堀としての役割を果たしていた。

家康としては、上田城が対上杉の最前線の拠点として威力を発揮することを期待した。上杉勢を追い払って信濃も徳川家の版図に組み入れるため、上田城を築城したのである。そして、傘下に入った昌幸に与えたわけだが、その猛烈なしっぺ返しを受ける事態がやって来る。

前年の十月二十九日に家康は北条氏政と和議を結んでいたが、その条件は以下のとおりである。北条家は占領中の信濃佐久郡と甲斐都留郡を家康に渡す。上野は北条領とし、昌幸が持つ沼田城と吾妻郡は北条家に返還させる。家康の娘督姫を氏政の嫡男氏直の正室とする。

これにより、徳川家と北条家は同盟関係となった。北条家は家康の領国と認めた信濃と甲斐から撤退する代わりに、上野は自らの領国であることを家康に認めさせた。よって、家康は昌幸に沼田城などを返還させようとするが、昌幸は断固として拒否したのである。

◆家康との断交

昌幸にしてみると、上野の吾妻郡は父幸綱の代より真田家が自力で勝ち取ってきた所領で、沼田城に至っては天正八年（一五八〇）に昌幸自身が北条家から奪取した城だった。にもかかわらず、家康が昌幸に何の相談もなく、一方的に沼田城などの返還を通告してきたことには憤慨せざるを得なかった。

一方、沼田城を昌幸に奪われた北条家は、当然ながらその奪還に固執していた。昌幸が帰属していた家康をして返還させようと、和議の条件に盛り込む。

家康は北条家に約束した手前、どうしても昌幸をして返還させなければならなかったが、昌幸が拒否の構えを崩さず、事態は暗礁に乗り上げる。家康と昌幸の関係が悪化していくのは避けられなかった。

かくして、翌十二年（一五八四）六月に家康は昌幸の暗殺を計画する。

昌幸と同じく信濃の国衆だった室賀正武が上田城に登城して昌幸の殺害を目論む

が、この計画は事前に露見し、そうとは知らず登城してきた室賀は城内で殺害される。翌七月のことであった。国衆とは戦国大名のように国レベルの所領は持っていないものの、国内では有力領主だった武将を指す言葉だ。国人ともいう。

ここに至り、昌幸は家康との断交を視野に入れざるを得なくなる。熟慮の末、家康と対立する上杉景勝の援助を仰ぐことを決め、同年九月より再帰属のための交渉を開始する。

だが、それまで昌幸に煮え湯を飲まされ続けた上杉家の不信感は強かった。再帰属の交渉は難航し、交渉が成立したのは十三年（一五八五）七月のことであった。八月、昌幸は息子の信繁を人質として越後に送る。後の真田幸村その人である。

そして、昌幸は家康と断交する。返還の意思はまったくないことの表明だった。家康は真田家討伐を決意する。昌幸の籠もる上田城に徳川勢が大挙向かった。

◆上田城の戦い

閏八月二日、徳川勢は家康が援助して築城した上田城に攻めかかる。鳥居元忠や平岩親吉たち三河衆に加え、帰属した甲斐・信濃衆も加わっており総勢七千余だった。家康自身は出陣せず、居城浜松城にいた。真田勢は雑兵含めて二千人ほどに過ぎなかった。

しかし、昌幸の巧妙な作戦の前に、城内までおびき寄せられた徳川勢は敗走を余儀なくされる。神川に飛び込んだ敗残兵は増水していた川に呑みこまれ、多数が溺死した。

地の利を活かした昌幸の作戦勝ちだが、徳川勢の統制が取れていなかったことも大きかった。真田勢を小勢と甘くみた結果でもあった。同二十日、徳川勢は真田方の丸子城を攻めたが、これも失敗する。第一次上田合戦は真田家の勝利に終わった。

家康にとり屈辱に他ならなかったが、十五年後の慶長五年（一六〇〇）にも徳川勢は上田城の攻略に再び失敗する（第二次上田合戦）。自らが援助して築いた城だったにもかかわらず、上田城は家康にとり鬼門の城となってしまったのである。

参考文献

平山優『真田三代』ＰＨＰ新書、二〇一一年。

金《かな》沢《ざわ》城《じょう》

なぜ寺院の跡地に金沢城が築かれたのか

加賀百万石の城下町

加賀百万石前田家の城下町としての歴史を持つ石川県金沢市は、もともと観光地としての人気が高い都市だったが、平成二十七年（二〇一五）に北陸新幹線が金沢まで開通したことで、その人気に拍車が掛かる。現在では日本人は言うに及ばず、多数の外国人観光客が訪れる

所在地	石川県金沢市
城郭構造	梯郭式平山城
築城主	佐久間盛政
築城年	天正8年（1580）

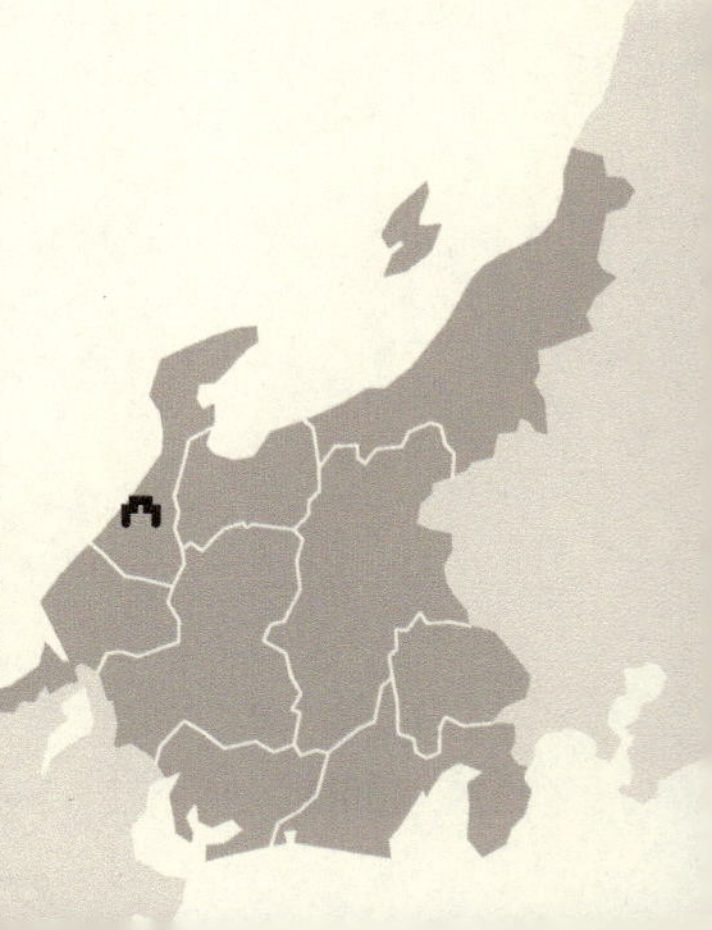

都市となっている。

しかし、百万石の城下町となる以前の金沢の歴史は一般にはあまり知られていないのではないか。金沢城は浄土真宗の寺院の跡地に造られた城だが、寺院の跡地に築城された例は他にもある。豊臣秀吉が築いた大坂城も、同じく浄土真宗の寺院・石山本願寺の跡地に築かれた城だった。

知られざる金沢城の前史に焦点を当てることで、戦国時代に寺内町という城塞都市が各地に作られた背景を解き明かす。

一向一揆と寺内町

歴史教科書に必ず登場する用語に一向一揆がある。

一向一揆とは、応仁の乱（一四六七〜七七）以降一世紀にわたって、畿内・北陸・東海で勢力を誇った浄土真宗本願寺派の僧侶・門徒による一揆のことである。一揆とは、支配者に抵抗するため一致団結して武装蜂起した集団を指す言葉だ。

つまり、浄土真宗本願寺派は畿内などの農村に根を下ろし、村ごと講という宗教組織に組み込んだ。そして、農民のみならず武士も門徒とすることで教団組織を強化した。要するに、武装化したわけである。

浄土真宗本願寺派（一向宗）は講組織を通じて農村への統制を強化していくが、当該地域を支配する守護大名や戦国大名と激しく対立するようになるのは時間の問題だった。両者は各地で武力衝突を繰り返す。

特に加賀国では、長享二年（一四八八）に一向一揆が守護富樫政親の籠もる高尾城を攻め、政親を自害に追い込む。その結果、以後九十年余にわたり、一向一揆が守護（戦国）大名に代わって加賀を支配した。

一向一揆が支配した地域では一向宗の寺院が核となった町が作られ、支配の拠点となる。これを寺内町と呼ぶが、町全体が堀や土塁で囲まれることで、一向宗による支配が下支えされていた。

いわば寺内町は城下町のスタイルを取っており、寺院が城に相当するだろう。町内には僧侶や門徒のほか、門徒ではない商人や職人も多数住んでいた。

代表的な寺内町としては、越前国の吉崎、山城国の山科、摂津国の石山などが挙げられる。各寺内町の核となったのは吉崎御坊、山科本願寺、石山本願寺だが、天文十五年（一五四六）には加賀にも巨大な寺内町が誕生する。
ここに、金沢の歴史がはじまる。

金沢御堂の創建

寺内町金沢の核となる寺院（御堂）の建設が本格化したのは、天文十四年（一五四五）のことである。加賀の石川郡から集められた建設費をもって、翌十五年（一五四六）十月に金沢御堂は完成をみた。

その折、大坂の石山本願寺からは本尊として阿弥陀如来の木仏が贈られている。宗祖親鸞の御影と同絵伝、仏具なども贈られた。

御堂が建立されたのは、東西が犀川と浅野川に挟まれた小立野台地の先端部である。河川が天然の城の役割を果たしていたが、金沢平野を一望できる立地環境でもあった。城が築かれても何の不思議もない要害の地だった。

これから述べていくように、佐久間盛政が金沢御堂を攻め落とすことで、加賀の一向一揆は解体する。その後、御堂の跡地に金沢城が築城されるが、現在の金沢城の本丸・二の丸あたりに伽藍は広がっていた。

金沢御堂は本願寺の別院として、加賀における一向宗の信仰そして支配の拠点となったが、それに伴い周辺が町場化する。そして、御堂のみならず町場も取り込む形で堀や土塁が造成され、城塞都市化していった。こうして、寺内町つまり金沢町が産声をあげるのである。

加賀には金沢御堂のほかにも、一向一揆により城塞都市化された寺院（寺内町）が各所に造られた。その立地も要衝の地であることが多かった。

金沢御堂とともに、これらの寺院が一向一揆による加賀支配を支えた。金沢御堂を本城とすれば、支城にあたるだろう。

しかし、一向一揆による加賀支配も金沢御堂の創建から三十年ほどで、織田信長の前に終焉の時を迎える。それは金沢御堂の終焉の時でもあった。

◆織田信長による一向一揆弾圧

信長といえば、仏教勢力と激しく対立した戦国大名として知られる。元亀二年（一五七一）九月に断行した比叡山延暦寺焼き討ちはその象徴的な事例だが、そうした姿勢は一向一揆に対しても同じであった。

一向一揆つまり本願寺が、延暦寺のバックアップを受けていた越前の朝倉義景や近江の浅井長政などと手を結ぶ形で信長との対決に踏み切ったのは、元亀元年（一五七〇）九月のことである。本願寺第十一世の宗主顕如は諸国の門徒に向け、信長に対して蜂起するよう呼びかけた。

以後、天正八年（一五八〇）八月に顕如の子教如が大坂の石山本願寺を退去して紀伊国雑賀に入るまで、信長との交戦状態が続く。いわゆる「石山合戦」である。その間、二度にわたって信長と和睦したものの、その都度断交を繰り返したことで戦いは長期化する。

本願寺は諸国の門徒を動員するだけでなく、甲斐の武田信玄、あるいは中国の毛利輝元と結び、激しく抵抗した。

本願寺からの指令に応じ、諸国の一向一揆も信長と激しく戦った。伊勢国の長島では、一揆勢のため信長の弟信興までもが討死している。

憤激した信長は一向一揆の息の根を止めようと一揆勢の殲滅をはかる。天正二年

（一五七四）七月、信長は伊勢長島に侵攻し、一揆勢が立て籠もる長島城など五城を攻めた。翌八月以降、次々と陥落させたが、その際は降参を一切認めず、男女の別なく切り捨てた。

信長の表現を借りれば、一揆勢を「根切り」「撫で斬り」にしたのである。最後は、籠城した二万人余の男女が逃げられないよう周囲を固めた上で、四方から放火し、焚殺したという。

一揆勢の大量殺戮は、翌三年（一五七五）八月の越前でもみられた。これにより越前を制圧した信長は、以後重臣の柴田勝家をして加賀の一向一揆にあたらせた。

そんな信長と本願寺の戦いも、終焉の時がやってくる。天正八年（一五八〇）閏三月、時の正親町天皇の勅命に応じる形で、石山本願寺籠城中の顕如と信長の三度目の和睦が成立した。そして、石山本願寺は信長に引き渡されていく。

一方、同じ月に柴田勝家率いる軍勢は越前を出陣し、金沢御堂の攻略そして加賀制圧を目指した。柴田勢は金沢御堂の「支城」化していた寺院を次々と攻め落とし、一揆勢が最後の拠り所とした金沢御堂に迫る。

翌四月、柴田勝家の甥佐久間盛政が率いる軍勢の攻撃を受け、金沢御堂は陥落す

菱櫓や三十間長屋が復元された金沢城

る。ここに、加賀の一向一揆は天下統一を目指す信長の前に解体された。

金沢御堂の歴史も終焉を迎えたのである。

寺内町から城下町へ

金沢御堂（寺内町金沢）に入った佐久間盛政は、同所で築城を開始する。東西が犀川と浅野川に挟まれた小立野台地の先端部で、金沢平野を一望できる立地環境でもあったことに着目したのだ。

そして、論功行賞で信長から北加賀二郡（石川・河北郡）を与えられた盛政は金沢城を居城と定める。これを機に、金沢は寺内町から城下町へと生まれ変わるが、信長横死後に起きた天正十一年(一五八三)の賤ヶ岳の戦いで、勝家は羽柴秀吉に敗れて自害する。盛政も秀吉軍に捕縛され、斬首に処せられた。

盛政の旧領を与えられた前田利家は金沢城を居城と定め、増築工事に着手する。利家も盛政と同じく、その立地環境に注目したのである。天守閣、石垣、堀などが次々と造られ、加賀百万石の城下町の礎が築かれていく。

金沢城には寺院の面影はみられないが、今も城下町に点在する浄土真宗の寺院は一向一揆が作り上げた寺内町金沢の遺産に他ならないのである。

参考文献

『金沢市史通史編Ⅰ』金沢市、二〇〇四年。

清《きよ》洲《す》城《じょう》・名《な》古《ご》屋《や》城《じょう》

なぜ信長の死後に清洲城で会議が開かれたのか

清洲会議

天正十年（一五八二）六月二十七日、尾張国の清洲城において信長死後の織田家跡目相続をテーマに同家重臣たちの会議が開かれた。近年映画化

清洲城

所在地	愛知県清須市
城郭構造	平城
築城主	斯波義重
築城年	応永12年（1405）

名古屋城

所在地	愛知県名古屋市
城郭構造	梯郭式平城
築城主	徳川家康
築城年	慶長14年（1609）

もされたことで、知名度もアップした清洲会議である。

この織田家重臣による会議の場で、羽柴秀吉は信長の孫三法師を跡目に据えることに成功する。しかしその後まもなく、三法師に代わって信長の次男信雄を跡目に据えてしまう。意外と知られていない事実だ。

なぜ、秀吉は清洲会議での決定事項を自ら破棄する行動に出たのか。清洲会議のその後に注目することで、同会議の歴史的意義を問い直す。

動揺する織田家領国と安土城炎上

清洲会議からさかのぼること二週間前の六月十三日の夕方。

信長の弔い合戦を呼号する秀吉軍と明智光秀軍が山城国の山崎で激突した。いわゆる山崎の戦いである。

秀吉軍には信長の三男信孝や織田家重臣の丹羽長秀や池田恒興たちも加わったため、その数は四万近くに達した。かたや光秀軍の兵数は一万ほどに過ぎなかった。

戦いは兵力に勝る秀吉方が勝利する。敗れた光秀は勝龍寺城に退き、近江国の坂本城へ落ち延びようとするが、敗走の途中、落ち武者狩りの農民たちにより討ち取られる。信長の弔い合戦（山崎の戦い）は秀吉方の勝利に終わった。

しかし、信長の突然の死により生じた織田家領国内の混乱は一向に収まる気配をみせなかった。

秀吉は備中高松城で対峙していた毛利家との和睦に成功し、迅速に上方に取って返せたが、関東にいた織田家の重臣滝川一益などは信長の死を知って勢いづいた北条家との戦いに敗れ、命からがら領国の伊勢に逃げ戻る。信濃で上杉家と対峙していた森長可も同様であり、所領があった美濃へと逃げ戻った。甲斐にいた河尻秀隆に至っては武田家旧臣たちにより殺害されてしまう。

織田家の領国となったばかりの武田家旧領の上野・信濃・甲斐三カ国は、北条家や上杉家そして徳川家康の草刈り場となっていた。本能寺の変の後、信濃・甲斐・上野を戦場として各所で繰り広げられた一連の戦いは天正壬午の乱と呼ばれる。

信長の死を契機に、膨張を続けていた織田家の所領は逆に近隣の戦国大名による侵攻に晒された。既に関東での拠点を失い、甲斐のみならず信濃も家康の手に入ろうとしていた。

織田家としては、混乱を収束させるには新たな主君のもと家臣が一致団結することが何よりも重要だった。こうして、跡目相続をテーマとする会議が急ぎ開かれることになる。

場所は、小牧山城に移るまで信長の居城だった清洲城である。本来ならば安土城のはずだったが、山崎の戦い後の六月十五日に天守や本丸が焼失したため、清洲城が選ばれたのだろう。

織田信雄と信孝の家督争い

京都で生涯を終えたのは信長だけではなかった。既に信長から家督を譲られていた長男信忠も、光秀軍の攻撃を受けて自害した。織田家は当主不在の状況にあった。

信長には子供が大勢いた。次男信雄や三男信孝は各々北畠家と神戸家に養子に出されていたが、長兄信忠の死を受けてそれぞれ織田家の家督相続に名乗りをあげる。

信忠には嫡男の三法師がいたが、当時はまだ三歳であり、幼児が織田家の家督を継ぐのは無理というわけである。次男信雄や三男信孝は同じく二十五歳であり、有力候補であることは間違いはなかった。

すでに清洲会議に先立つ形で、二人による跡目争いがはじまっていた。この内紛を収めるためにも、織田家重臣たちは早急に家督相続者を決めなければならなかった。当日の六月二十七日に、清洲城へ集まった重臣は秀吉、柴田勝家、丹羽長秀、池田恒興である。

勝家が跡目相続者として信孝を推したのに対し、秀吉は三法師を推したため重臣たちの間で意見が二つに割れる。しかし、長秀や恒興が秀吉の主張に同意したため、孤立した勝家は三法師擁立に同意せざるを得なかったというのが従来の定説だが、清洲会議の段階では勝家は信孝との連携をまだ視野に入れていなかった。

勝家たち四人の重臣が家督相続争いを繰り広げる信雄・信孝兄弟を一致して忌避し、その結果が三法師の擁立だったのではという説が近年唱えられている。勝家も三法師擁立により二人の相続争いを封じ込めようとしたのであり、別に秀吉と敵対していたわけではなかった。

三法師を当主として推戴し、信雄・信孝兄弟を後見役に据え、その下で四人の重臣が政務を執る体制の構築により、織田家中の一致団結を目指したのである。

清洲会議では家督相続だけでなく、織田家領国の分配も議題とされた。その結果、信雄は尾張、信孝は美濃を与えられ、信雄は清洲城主、信孝は岐阜城主となった。秀吉は近江の長浜城を手放し、山城国や丹波国を新たに得た。勝家は長浜城を得ている。

織田家の家督を継いだ三法師は、そのまま安土城に入る予定だった。だが、天守や本丸が焼失していたため、修復の目途がつくまで信孝が岐阜城で預かったが、これが秀吉をして清洲会議の否定に走らせる要因となる。

織田家家督が三法師から信雄に移る

清洲会議までは、三法師擁立に象徴されるように四人の重臣は一致して行動していたが、十月中旬に秀吉は京都で信長の葬儀を執り行っている。信長の後継者であることを天下にアピールしはじめた。

となると、織田家の序列では格上にあった勝家との関係は悪化せざるを得ない。長秀と恒興は秀吉と行動をともにしていたため、秀吉・長秀・恒興VS勝家の構図となるのは時間の問題だった。

このあたりから、織田家中は秀吉派と勝家派に分かれはじめるが、秀吉と信孝の関係も既に険悪化していた。秀吉の要請にもかかわらず、信孝が三法師を岐阜城にとどめたまま安土城へ移そうとしなかったからである。信孝が織田家当主たる三法師を握っている限り、信孝と対立する秀吉はいつ逆臣にされるか分からなかった。

さらに、尾張を領国とする信雄と美濃を領国とする信孝の間で、国境をめぐる紛争が勃発する。両者の関係は再び悪化していった。

秀吉が信長の葬儀を執り行った同じ十月二十八日、秀吉は長秀・恒興と談合し、信雄を織田家の家督相続者として擁立することで合意する。信孝が岐阜城から出そうとしなかった三法師が当主のままだと、秀吉にとっては都合が悪かったため、信孝のライバル信雄を三法師が成人するまでという条件付きで織田家当主に奉じたのだ。

織田家中は信雄を奉じる秀吉・長秀・恒興派と信孝派による全面対決の様相を呈しはじめるが、この頃には勝家や滝川一益たちが織田家当主の廃立を強行した秀吉の振る舞いに怒りを隠せなくなっていた。

その結果、勝家や一益たちは信孝に与する。ここに翌十一年（一五八三）三月に勃発する賤ヶ岳の戦いへのレールが敷かれる。

賤ヶ岳の戦いは秀吉の勝利に終わった。勝家も信孝も自害に追い込まれたが、秀吉と提携していた信雄にしても、秀吉が天下統一を成し遂げるとともに改易される。

信長死後の織田家を団結させるために開催された清洲会議は、織田家分裂の引き金を引く歴史的役回りを演じたが、それは秀吉の天下人への道にも直結していたのである。

◈清洲廃城と名古屋築城

その後、秀吉子飼いの福島正則が清洲城主となるが、家康が天下人の座に就くと、今度は四男の松平忠吉が城主となる。関ヶ原合戦での戦傷がもとで忠吉が早世すると、今度は九男の義直が城主に封ぜられる。慶長十二年（一六〇七）のことであった。

ところが、家康は清洲城の廃城と、近隣の那古野に新たに城を築くことを決める。清洲城が水害に弱かったことに加え、大軍を収容できるほど城内が広くなかったことなどが理由だった。

木造での復元が計画される天守閣

十五年（一六一〇）、西国の諸大名たちは那古野すなわち名古屋城の築城を命じられる。いわゆる「天下普請」であった。十七年（一六一二）末には天守閣が完成するが、本丸御殿が完成したのは二十年（一六一五）初めだった。

織田家分裂つまり豊臣政権誕生を導いた会議が開催された清洲城は、徳川御三家の城・名古屋城として生まれ変わった。以後二百数十年にわたって、幕府を支える歴史的役回りを演じるのである。

参考文献

『愛知県史』通史編3、愛知県史編さん委員会、二〇一八年。

岐《ぎ》阜《ふ》城《じょう》

なぜ江戸時代に入ると廃城となったのか

信長の居城

織田信長は天下統一を進める過程で、居城を次々と変えている。桶狭間の戦いの時は尾張国の清洲城が居城だったが、その後同国の小牧山城を経て、美濃国の岐阜城、近江国の安土城と変遷する。

しかし、信長の居城はいずれも廃城の運命を辿る。岐阜城も例外で

所在地	岐阜県岐阜市
城郭構造	山城
築城主	二階堂行政
築城年	建仁元年（1201）

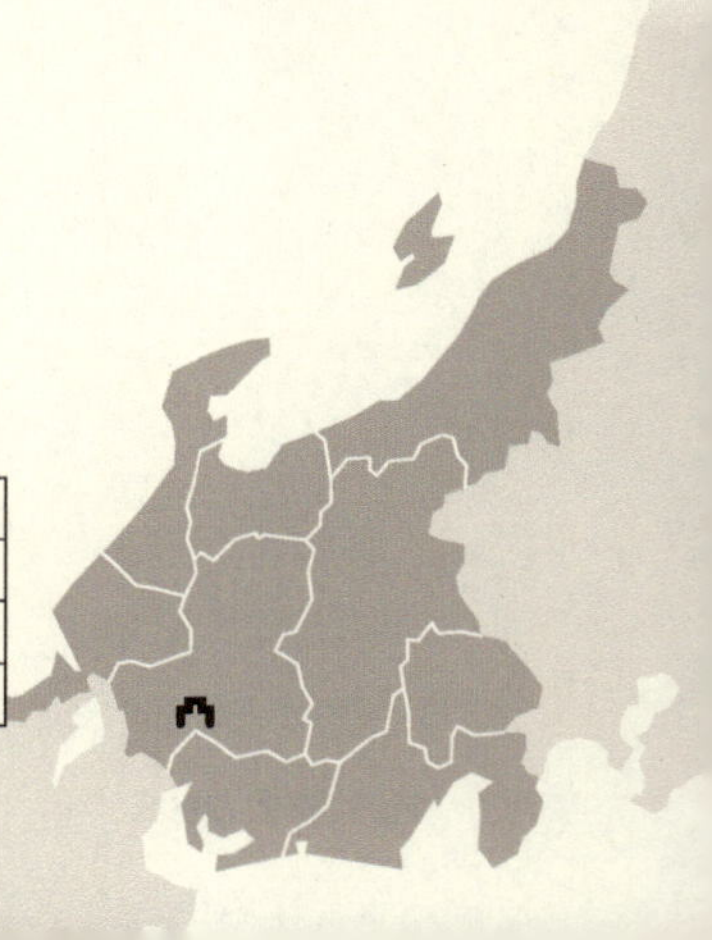

はなかったが、廃城の理由とはいったい何だったのか。

信長の死後、その居城が辿った歴史を追うことで岐阜城廃城の理由に迫る。

岐阜城の誕生

岐阜城の前名は稲葉山城という。

標高三二九メートルの金華山に立つ、まさに名前のとおりの山城である。斎藤道三が本格的な山城として整備し、当時難攻不落を誇った城であった。

しかし、永禄十年（一五六七）八月に、斎藤家の重臣で美濃三人衆と呼ばれた稲葉良通、氏家卜全、安藤守就が信長に寝返ると、時を移さず信長の軍勢が押し寄せて稲葉山城下を焼き払った。そして、城を包囲して激しく攻めたてたため、城主斎藤龍興は降伏を余儀なくされる。城を明け渡して、伊勢長島へと去っていった。

尾張に加えて美濃を手に入れた信長は、居城を小牧山城から稲葉山城に移し、城の名を岐阜と改めた。「岐」とは古代中国の周の文王が岐山の麓から天下を平定した故事に因んで選ばれた語で、「阜」は太平と学問の地となるよう孔子の生誕地「曲阜」

から引用された語という。

岐阜城主となると、信長は「天下布武」の印判を使いはじめる。武力による天下統一への強い意志を示したわけだが、早くも翌十一年（一五六八）九月には足利義昭を奉じて京都に入り、義昭を将軍の座に就けた。その後も岐阜城を居城としたまま、畿内の平定を進める。

元亀四年（一五七三）七月には、関係が悪化していた義昭を京都から追放し、室町幕府を滅亡させる。天正三年（一五七五）五月には、当時最大の強敵だった甲斐の武田勝頼を完膚無きまでに打ち破った。長篠の戦いである。

この勝利により、信長は天下統一に向けて大きく前進することになる。

同年十一月、信長は嫡男信忠に織田家の家督と尾張・美濃両国そして岐阜城を譲った。自らは近江国の安土山に築く城を居城と定める。長篠の戦いの勝利で武田家を大敗させて天下統一が現実のものとなりはじめたことを機に、新たな居城造りに着手したのである。翌四年（一五七六）より、安土城の築城が開始される。

安土城は琵琶湖東岸に聳え立つ安土山に築かれた巨大な山城だが、近江国の中央部に位置しており、岐阜城に比べると京都との距離が格段に近かった。馬ならば一日で駆け付けられる近さだ。琵琶湖の水運を利用できるメリットもあった。

安土城といえば、山頂に築かれた地上六階地下一階の天守で知られる。当時としては画期的な建物であり、その威容は見る者すべてを圧倒した。天下統一に対する信長の強い意志を象徴するような城だった。

同七年（一五七九）に、安土城は完成する。信長は天守に住み、家臣団は山麓に造られた城下町に移り住んだが、完成から僅か三年後の十年（一五八二）六月に、信長は本能寺の変で明智光秀に討たれる。安土城は明智勢に占領されてしまう。光秀が秀吉に敗れると明智勢は安土城を去ったが、その混乱のなか壮大な天守は炎に包まれる。石垣などを残し、城は灰燼に帰した。

安土城廃城と八幡山城の築城

本能寺の変の際、信長のみならず信忠も自害したため、岐阜城主は不在となる。その後、織田信孝、池田輝政、羽柴秀勝、織田秀信たちが城主となるが、焼失した安土城は廃城への道を辿る。修復つまり再建工事は進められていたものの、いつしかストップしてしまうのだ。

安土の近くに、近江八幡という町がある。江戸時代に入ると近江商人を中心とする商業都市として知られるようになるが、かつては城下町だった。

信長の跡を継いで天下統一を目指した秀吉は浄土真宗本願寺派の石山本願寺の跡地に大坂城を築き、新たな居城としたが、十三年（一五八五）からは近江国を治めるための新たな城造りに着手する。

秀吉は、安土城の近くに聳え立つ八幡山に目を付け、安土山に築かれた安土城をモデルに八幡山を城郭化することを決める。こうして、八幡山城（近江八幡城）の築城がはじまる。

城下町を造成する過程で、旧安土城下からは様々な建物が移築された。現存するものとしては、本願寺八幡別院が挙げられる。城下の商人や職人たちも八幡城下に移し、町作りを進めさせた。

八幡山城は信長の遺産安土城をモデルとし、その遺構が活用されて築城されたが、それは修復が進められていたはずの安土城の廃城も意味していた。信長に代わって天下人の座を目指す秀吉にとり、信長の存在をイメージさせる城郭はこの世から消してしまった方が望ましかったのは言うまでもない。

秀吉は八幡山城主に甥の羽柴秀次を据えたが、文禄四年（一五九五）に秀次は秀吉から切腹を命じられる。当時、秀次は跡継ぎのいない秀吉の跡を継いで関白豊臣秀次となっていたが、秀吉に秀頼が生まれたことで排斥される。そして切腹を命じられ、妻子も処刑されたのだ。

秀次が住んでいた京都の聚楽第は、秀吉により徹底的に破却される。秀次をイメージさせるものは、この世からすべて消し去ろうという秀吉の強い意志の表れだったが、秀次が初代城主の八幡山城も同じ運命を辿る。当時は京極高次が城主だったが、高次には同じ近江の大津城が与えられて八幡山城は廃城となる。

ここに、近江八幡は城下町としての短い歴史を終えた。商人の町としての歴史が新たにはじまる。

岐阜城廃城

秀吉は信長の居城だった安土城を八幡山城の築城を通して幻の城としたが、岐阜城はそのまま残した。安土城は天守や本丸が焼失していたため、秀吉にしてみると廃城にするのに好都合だったが、岐阜城はそうではなかった。安土城のように信長が新たに築いた城でもなかったため、この時は廃城とはならなかったのだろう。

しかし、慶長五年（一六〇〇）の関ヶ原合戦を機に岐阜城も廃城への道を辿る。岐阜城主織田秀信は石田三成を謀主とする西軍に属し、家康を盟主とする東軍の先鋒部隊と対峙した。当時、福島正則たち東軍の先鋒は清洲城に駐屯していたが、八月二十二日より木曽川を越えて岐阜城に迫った。織田勢は野外決戦に打って出たが、多勢に無勢で大敗を喫し、城へと逃げ戻る。

籠城に追い込まれた秀信だったが、正則たちの猛攻の前に、早くも翌二十三日には降伏を余儀なくされた。一命を助けられた秀信は剃髪の上、高野山にのぼる。それから一カ月も経過しないうちに、関ヶ原合戦となる。

家康は戦後処理で多くの大名を転封させたが、近江の大津城など廃城となった城も少なくない。この時、岐阜城の廃城も決まる。翌六年（一六〇一）のことであった。

天下人となった家康としても、天下人を目指していた信長の存在を想起させる城郭はこの世から消してしまった方が望ましかったのだろう。

家康は外孫にあたる奥平信昌をして、中山道沿いの美濃の加納宿に城を築かせた。その際、廃城となった岐阜城の天守や櫓・石垣などが移築されている。秀吉が安土城の遺構を活用して八幡山城を築いたのとまったく同じやり方であった。

◇尾張藩領となった岐阜の町

岐阜城は解体されたものの、岐阜の町はそのまま残されて幕府領に組み入れられた。元和五年（一六一九）には尾張藩領に編入される。

戦国時代は斎藤道三そして信長の居城として喧伝された岐阜城は、江戸時代に入ると廃城となった。その裏には信長の存在を消し去りたい天下人家康の深謀遠慮があったが、名古屋城を居城とする徳川御三家筆頭尾張藩支配下の商人の町として、旧岐阜城城下町は新たな発展を遂げていくことになる。

大《おお》津《つ》城《じょう》

なぜ関ヶ原合戦の勝敗に影響を与えたのか

壬申の乱の舞台となった大津京

滋賀県大津には、かつて都が置かれたことがあった。六六七年、中大兄皇子は大和の飛鳥から近江国の大津に都を移す。翌年には大津京で即位し、天智天皇となった。

しかし、六七二年に起きた壬申の乱で大津京は陥落する。天智天皇

所在地	滋賀県大津市
城郭構造	平城
築城主	浅野長政
築城年	天正14年（1586）

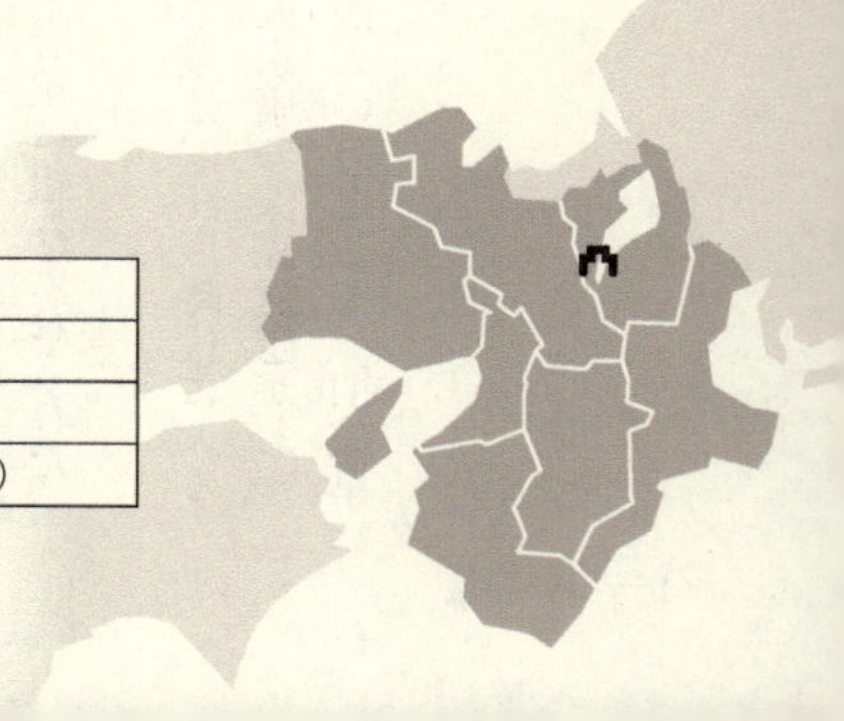

の息子大友皇子（弘文天皇）との戦いに勝利した大海人皇子（天武天皇）は都を飛鳥に戻したため、大津京の時代はわずか五年で終わった。

以後、琵琶湖に面する大津は経済都市として歴史に登場することが多くなるが、再び大津が政権交代の場面で登場する時が訪れる。慶長五年（一六〇〇）の大津城での攻防戦が、同時進行していた関ヶ原合戦の勝敗に大きな影響を与えたのだ。

関ヶ原合戦の経緯を追うことで、大津城攻防戦が戦局に与えた影響を検証する。

追い詰められた徳川家康

関ヶ原合戦の引き金となったのは、豊臣秀吉の死にはじまる政権内部の権力闘争である。

慶長三年（一五九八）八月十八日、秀吉が死去すると、長らくNo.２の立場に甘んじていた大老の徳川家康は、豊臣政権を牛耳ろうと多数派工作に乗り出す。政略結婚を通じ、諸大名との間に同盟関係を次々と構築した。江戸城を居城とする家康は、関東二百五十万石を領する豊臣政権最大の大名だった。

秀吉の跡を継いだ秀頼は六歳になったばかりで、政権内でイニシアチブを発揮することなどとても無理だった。家康が豊臣政権を牛耳るのは時間の問題となる。

これに危機感を抱いたのが、秀吉の側近として重用され政権の事務方を取り仕切っていた奉行の石田三成である。三成は家康に敵対する大名たちを糾合し、その政治行動の封じ込めをはかるが、失敗に終わる。奉行職も解かれ、居城の近江佐和山城に隠退した。

その後、家康は自分のライバルになりそうな大名たちを次々と屈服させる。だが、大老で会津若松城主の上杉景勝はその意に従おうとしなかったため、豊臣政権の名のもと自ら上杉家討伐に乗り出す。上杉家の石高は百二十万石だった。

家康が秀頼のいる大坂城を出たのは、慶長五年六月十六日のことである。まずは江戸城に戻り、上杉討伐軍への参陣を命じた豊臣恩顧の諸将の到着を待ったが、家康が大坂を留守にしている間に、三成を首謀者とするクーデターが起きる。

家康は大坂にいる間、豊臣政権の錦の御旗である秀頼を抱え込んでいたため、三成としては手も足も出なかった。だが、家康が大坂を留守にしたことで、千載一遇のチャンスが訪れる。

家康から秀頼を奪い返し、その名のもとに家康討伐を布告する。いわば、家康を官軍の将から賊軍の将に転落させてしまおうと目論んだのだ。

三成は盟友の大谷吉継とともに挙兵計画を練り、大老の広島城主毛利輝元と岡山城主宇喜多秀家を味方に引き入れる。毛利家の石高は上杉家と同じく百二十万石で、宇喜多家も五十七万石。家康と敵対する上杉家も味方に付けば、石高では家康を上回る。

三成は毛利家の軍事力をバックに、秀頼のいる大坂城を占領する。同僚の奉行の支持も取り付け、豊臣政権の名で家康討伐を布告した。

家康が大坂を去って、約一カ月後の七月十七日のことである。三成によるクーデターは成功し、家康は官軍の将から賊軍の将に転落した。

家康討伐を呼号する豊臣政府軍というべき西軍は十万を超えようとする勢いであり、上杉家討伐を呼号する家康のもとに集結した東軍を、数の上では上回った。西軍は越前・美濃・伊勢に主力軍を向かわせ、東軍側の諸大名の居城を陥落させていった。

西軍が越前・美濃・伊勢を制圧した頃、家康は反転して東海道を西上してくるであろう。その時は、尾張か三河で討ち取ればよいと三成は考えていた。

◆石田三成の誤算

家康が三成の挙兵を知ったのは、上杉討伐軍を率いて江戸から会津へと向かう途中であった。七月二十五日、家康は上杉討伐に参陣していた福島正則たち豊臣家諸将を下野国の小山に集め、軍議を開く。世にいう小山評定だ。

評定の結果、上杉討伐は中止された。豊臣家諸将は一転西へと向かい、家康を盟主とする東軍として三成率いる西軍と雌雄を決することになる。

正則たち諸将は東海道を西上し、八月十四日には正則の居城尾張国の清洲城に入城する。かたや、西軍謀主の三成は美濃国の大垣城に入っていた。

江戸城に戻った家康は、すぐさま正則たちの後を追う予定だった。だが、自分に味方した諸将に全幅の信頼を置いてはおらず、しばらくの間は様子見を決め込む。よって、東軍諸将は家康の不信感を払拭しようと、西軍に属する美濃の岐阜城に攻めかかり、わずか二日で陥落させてしまう。八月二十三日のことであった。

さらに、三成のいる大垣城近くの中山道赤坂宿まで陣を進め、家康の到着を待つ構えを取る。ここに至り、家康も出陣を決意した。

九月一日、江戸城を出陣して東海道を西に向かった。家康率いる徳川勢は三万余。嫡男の秀忠は中山道を西上し、美濃で家康と合流する予定である。秀忠率いる徳川勢は三万八千だった。

三成は尾張か三河を決戦場と想定していたわけだが、美濃が決戦場となる様相を呈してきた。そのため、三成も大垣周辺に兵力を集中させはじめる。

巻き返しをはかる東軍は、西軍諸将の切り崩しを開始。浮足立った自軍に危機感を抱いた三成は大垣城を出陣し、近くの関ヶ原で東軍と雌雄を決しようとする。九月十四日夜のことである。

東軍が岐阜城を落城させたことを機に、優勢だった西軍は一転追い込まれていくが、西軍が劣勢となったことをみて、反旗を翻す大名も現れる。

大津城主の京極高次であった。

大津城攻防戦

高次は弟高知が家康に従って上杉討伐軍に従軍しており、小山評定後は福島正則とともに東海道を西上して清洲城にあった。本来ならば東軍に属すべき立場だったが、大津城の周りは西軍に属する城ばかりであり、やむなく西軍に属した。

そして、大谷吉継の指揮下に入って越前に向かうことになっていたが、岐阜城が東軍の手に落ちたことで美濃の情勢が風雲急を告げる。三成の要請を受けた吉継は越前から美濃へと転進するも、高次は大津城に戻ってしまい、東軍に寝返る。大津城に籠城して、家康の西上を待つ。

正則たちと行動をともにする弟高知と示し合わせた上での寝返りだった。九月三日のことである。

大津は京都にも近いだけでなく、美濃と上方を繋ぐ中山道の要衝だ。大坂城を本拠とする西軍にとり、高次の裏切り行為は由々しき事態。美濃に集結していた主力軍との連絡が絶たれる恐れもあった。

すぐさま、西軍の総大将毛利輝元は叔父の毛利元康、小早川秀包、朝鮮出兵で武名をあげた筑後国の柳川城主立花宗茂たちが率いる一万五千の軍勢を大津城に向かわせた。九月七日から、西軍は大津城を包囲する。

十三日より西軍の猛攻がはじまり、その日のうちに三の丸、二の丸は陥落する。残は本丸だけとなった。

ここに高次は降伏を決意し、十四日には開城が決定する。開城したのは翌十五日早朝である。城を出た高次は剃髪し、高野山にのぼった。

大津城開城の日、関ヶ原では東西両軍が激突したが、大津城の攻防戦は関ヶ原合戦の帰趨にも大きな影響を与える。関ヶ原に向かうはずだった一万五千人もの大軍を大津で足留めさせた形になっていたからだ。

実は東軍では、中山道を進む徳川勢三万八千がいまだ美濃に到着していなかった。真田昌幸が籠もる信濃の上田城の攻城に手こずり、城を落とせないまま関ヶ原に向けて急行軍の真っ最中だった。十五日の段階では、まだ木曽の山中にいた。

秀忠率いる三万八千が不在な状況下での決戦を余儀なくされた家康にとり、大津城の籠城戦は戦略的に実に大きな意味を持っていた。大津城に戦力を割いた分、西軍の決戦兵力を減らせたことで、関ヶ原での戦いを有利に進めることができたからだ。東軍勝利の要因の一つにもなる。

戦後の論功行賞で、高次は六万石から八万五千石に加増され、若狭国の小浜城主に封じられている。家康も大津城籠城戦の意義をよく分かっていたのである。

関ヶ原合戦の結末

関ヶ原合戦後、大津城は廃城となる。家康にとり関ヶ原合戦勝利の陰の功労者とも言うべき城だったが、西軍の猛攻があったとはいえ、実質一日ほどしか攻城に耐えられなかったことを考慮したのだろう。琵琶湖に面する平城でもあり、防禦力はあまり期待できない城であった。

しかし、西軍一万五千を決戦場に向かわせず、一週間ほど引き付けたことは紛れもない事実である。関ヶ原合戦の行方を大きく左右した城として、今はなき大津城はその名を歴史にとどめている。

参考文献
安藤優一郎『「関ヶ原合戦」の不都合な真実』ＰＨＰ文庫、二〇一五年。

二《に》条《じょう》城《じょう》

なぜ徳川家は後水尾天皇を二条城に迎えたのか

世界文化遺産・二条城

世界文化遺産にも登録されている京都の元離宮二条城は、江戸開府の年に築城された。最後の将軍徳川慶喜が天皇に大政を奉還する意思を表明した城にもなる。江戸幕府の歴史を見届けた城だが、一度だけ天皇が行幸したことがあった。

所在地	京都市中京区
城郭構造	輪郭式平城
築城主	徳川家康
築城年	慶長8年（1603）

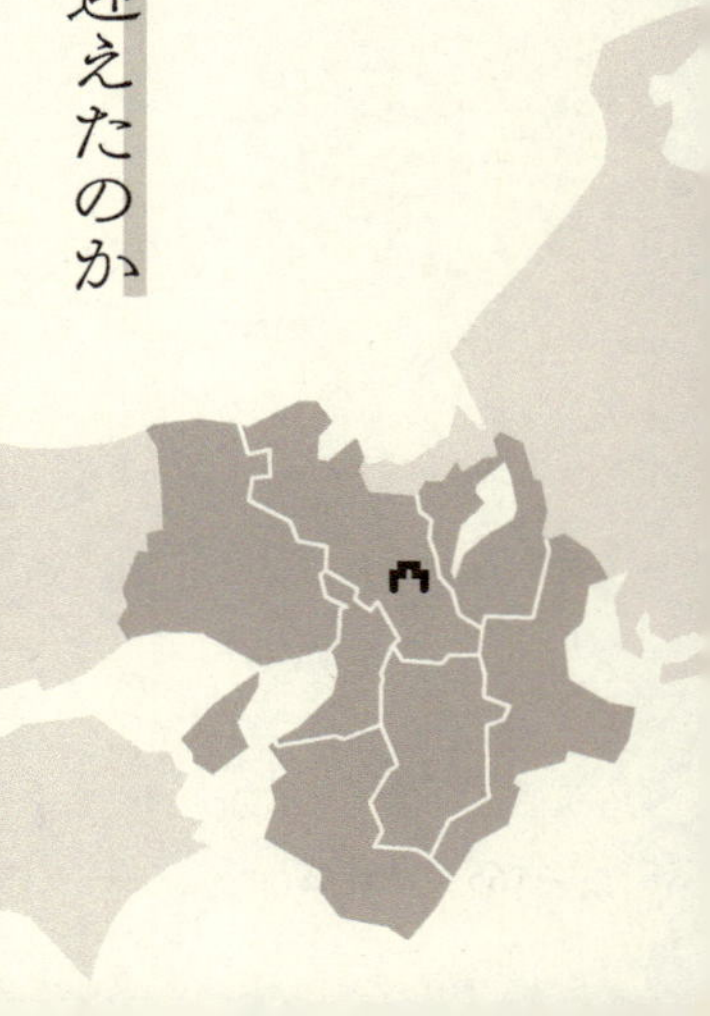

三代将軍徳川家光の時代にあたる寛永三年（一六二六）に、幕府の要請に応える形で後水尾天皇が行幸する。幕府は二条城行幸で莫大な出費を余儀なくされたが、これには前例がある。豊臣秀吉が京都に造営した聚楽第に、後水尾天皇の父にあたる後陽成天皇が行幸したことがあった。

なぜ、徳川家は莫大な費用を要してまで、後水尾天皇を二条城に迎えたのか。聚楽第行幸の前例も視野に入れながら、その理由を解き明かす。

後陽成天皇の聚楽第行幸

天正十三年（一五八五）七月に朝廷の最高位である関白に任命された秀吉は、翌十四年（一五八六）二月より、政庁兼邸宅として聚楽第の造営を開始する。

聚楽第が造営されたのは京都の内野だが、その地はかつて平安京の大内裏が置かれた場所でもあった。大内裏とは宮城のことで、内裏（皇居）を中心に政務や儀式を執り行う朝堂院や諸官庁が配置された空間である。

現存する「聚楽第図屏風」からも明らかなように、聚楽第は城郭風の豪邸だった。

五層の天守が建てられ、瓦は金箔。敷地の周囲には幅二十間、深さ三間の堀がめぐらされた。

近くには後陽成天皇が住む御所があったが、その規模をはるかに凌ぐものだった。自身の権威は天皇を超えていることを暗に示した「城」なのである。

秀吉が母の大政所や正室の北政所を伴って聚楽第に入ったのは、十五年(一五八七)九月のことである。ちょうど、九州を平定して凱旋した頃にあたる。

そして翌十六年(一五八八)四月十四日には、後陽成天皇が聚楽第に行幸する。室町時代に天皇が将軍の邸宅(花の御所)に行幸した先例を調査し、それよりも数倍の規模での行幸を実現させたのだ。その分費用も要したが、秀吉は天皇の権威を利用することで、武家の棟梁たる足利将軍家と同格であることを示そうと目論む。

行幸当日、秀吉は天皇を迎えに御所まで赴き、その裾を持って鳳輦に乗るのを手伝った。六千人の武士が警固にあたるなか、天皇、親王、公家衆が長い行列を組み、御所から聚楽第へと向かっていった。

内大臣織田信雄、大納言徳川家康、同豊臣秀長も、公家衆として御所から行列に加わった。そして関白の秀吉が御所を出発すると、続いて前田利家たち大名衆も聚楽第へ向かった。

天皇が聚楽第に着いた頃、秀吉の行列はまだ御所を出ていなかった。天皇を聚楽第に迎えるとしながら、自分が聚楽第に着くまで天皇を待たせていた格好だった。自身が天皇の権威を超えた存在であることを暗に示そうとしたのだろう。

都合五日間、天皇は聚楽第に滞在し、秀吉から盛大な「おもてなし」を受けたが、行幸二日目の十五日、秀吉は諸大名に対して天皇宛に起請文を提出するよう命じる。天皇から政務を委任された関白秀吉の命令に背かないという趣旨の起請文だった。天皇の権威を利用し、自分への服従を誓わせたのである。

聚楽第行幸は秀吉から関白職と聚楽第を譲り受けた豊臣秀次の時に、もう一度行われている。天正二十年（一五九二）一月に、同じく後陽成天皇が聚楽第に行幸した。二回目の行幸には秀次の権威を高める目的があったが、文禄四年（一五九五）に秀次が秀吉により関白の座を追われて切腹すると、聚楽第は徹底的に破却される。幼子の秀頼の行く末を案じる秀吉としては、秀次の存在を想起させる聚楽第などこの世から消し去りたかったからである。

〈二条城築城〉

慶長五年（一六〇〇）の関ヶ原合戦を機に豊臣家に代わり天下人となった徳川家康は、その後何度となく上洛しているが、上洛時の宿所が必要ということで二条城の築城を決める。西国の諸大名が動員されて工事が開始されたのは、翌六年（一六〇一）のことである。

同八年（一六〇三）二月、家康を征夷大将軍に任じる宣旨を伝達する勅使が京都南郊の伏見城に到着する。伏見城で勅使を出迎えた家康は宣旨を拝受し、江戸幕府初代将軍の座に就いた。

翌三月、家康は完成したばかりの二条城に入る。その後、御所に参内して御礼を申し述べた。二条城に戻った家康は公家衆も招き、将軍就任を祝う儀式を執り行う。

将軍に任命されて武家の棟梁になったとはいえ、家康にとり大坂城の豊臣秀頼の存在は悩みの種だった。秀頼をして臣下の礼を取らせることで、幕府の安泰をはかろうとする。

同十六年（一六一一）三月に二条城で行われた家康と豊臣秀頼の会見はその一環だ

江戸幕府のはじまりと終わりの場所となった二条城

ったが、家康は武力で豊臣家を滅ぼして後顧の憂いをなくしてしまおうと決意する。同十九年（一六一四）の大坂冬の陣と翌元和元年（一六一五）の夏の陣で豊臣家は滅亡するが、家康は両陣とも二条城から出陣して大坂城へと向かった。

同六年（一六二〇）六月、二代将軍秀忠の娘和子が後水尾天皇のもとに入内したが、その折、和子は二条城から輿入れしている。秀忠としては、自分の娘が天皇との間に儲けた皇子が天皇に即位することを望んでいた。そうすれば、かつての藤原摂関家のように外戚として朝廷に強い影響力を及ぼせるからだ。

秀忠は天皇の権威を利用することで幕府

権力を盤石なものにすることを狙ったが、聚楽第行幸の前例に倣って二条城行幸の計画も進める。これにしても、天皇権威の利用による幕府権力の強化の手段であった。

後水尾天皇の二条城行幸

元和九年（一六二三）六月、四年ぶりに上洛した秀忠は二条城に入るが、この時上洛したのは秀忠だけではない。嫡男の家光も上洛した。というよりも、家光のために秀忠は上洛したのである。この上洛は、家光に将軍職を譲ることが目的だったからだ。七月に上洛した家光は伏見城で将軍宣下の勅使を迎え、三代将軍の座に就く。

翌寛永元年（一六二四）二月、家光は諸大名を動員して二条城の大改築にあたらせた。天皇を迎えるにふさわしい城郭造りに着手したのである。敷地を拡大した上で、伏見城の天守などの建物を移した。この頃、伏見城は廃城になっていた。

二条城行幸が執り行われたのは同三年のことである。

元和九年に続き、秀忠と家光は揃って上洛の途に就いた。先発したのは秀忠で、六月二十日に二条城に入る。八月二日、家光も京都に入った。

将軍職を退いたとはいえ、幕府の実権は大御所として秀忠が握っていた。寛永三年の二条城行幸という政治イベントも、家光の背後にいた秀忠が取り仕切っていた。

行幸の日は九月六日である。

この日、二条城に赴いたのは天皇だけではない。中宮となっていた和子や娘の女一宮たちも女房衆を伴い、二条城に赴いた。

天皇の行幸に先立ち、既に家光が御所に参内していた。天皇をお迎えするためだが、聚楽第行幸の時の秀吉とまったく同じである。御所に向かう家光の行列には、徳川一門の大名や金沢藩主前田利常、薩摩藩主島津家久、仙台藩主伊達政宗など外様の有力大名が御供した。

参内した家光は天皇に拝謁し、行幸のお礼を申し述べた。退出すると、そのまま二条城に戻り、秀忠とともに天皇の行幸を待った。

御所を出た天皇は関白以下の公卿衆を従え、二条城へ向かう。二条城では秀忠と家光が城門まで出て、天皇を出迎えた。城内では天皇と秀忠・家光の間で盃が交わされ、以後十日までの五日間、天皇は二条城に滞在し、舞楽や和歌・管弦を楽しんだ。

七日と八日には、秀忠と家光から莫大な量の進物が天皇に贈られた。家光の場合でみると、天皇に白銀三万両、御服二百領、紅糸二百斤……中宮和子には白銀一万両、御服五十領、紅糸五十斤……といった具合だったが、天皇や和子だけに贈ったのではない。親王家、公卿衆、女房衆などにも贈られた。その総量たるや、とても想像できないほどであった。

宴で用いられた御膳の道具は金や銀で作られたが、これら豪華な調度品はすべて天皇に進上されている。この時の二条城行幸は、徳川家の財力を天下に誇示する機会にもなったのである。

江戸城での将軍宣下

寛永三年の後水尾天皇の二条城行幸には、天皇権威の利用により幕府権力を強化しようという意図が込められていたが、実は約四十年前に執り行われた御陽成天皇の聚楽第行幸の前例に倣ったものだった。それだけ、聚楽第行幸は秀吉の権力強化にプラスに働いたのであり、幕府としては二匹目のドジョウを狙ったといえるだろう。

二条城行幸により権力基盤の強化に成功した幕府は、以後天皇の権威を圧倒していく。天皇から将軍宣下を受ける際も、京都まで出向くことはなくなる。江戸城に将軍宣下の勅使を迎えることで済ませてしまうのである。

大《おお》坂《さか》城《じょう》

なぜ大塩平八郎は大坂城下で挙兵したのか

大坂の陣以来の市街戦

天保八年（一八三七）二月十九日、大坂城下で突如火の手が上がった。大坂町奉行所の与力だった大塩平八郎が門弟たちとともに、時の幕府政治を批判して挙兵したのである。いわゆる大塩平八郎の乱だ。

大塩勢は豪商宅に向けて盛んに砲撃し火矢も放ったため、大坂の町は

所在地	大阪府大阪市
城郭構造	輪郭式平城または平山城
築城主	豊臣秀吉
築城年	天正11年（1583）

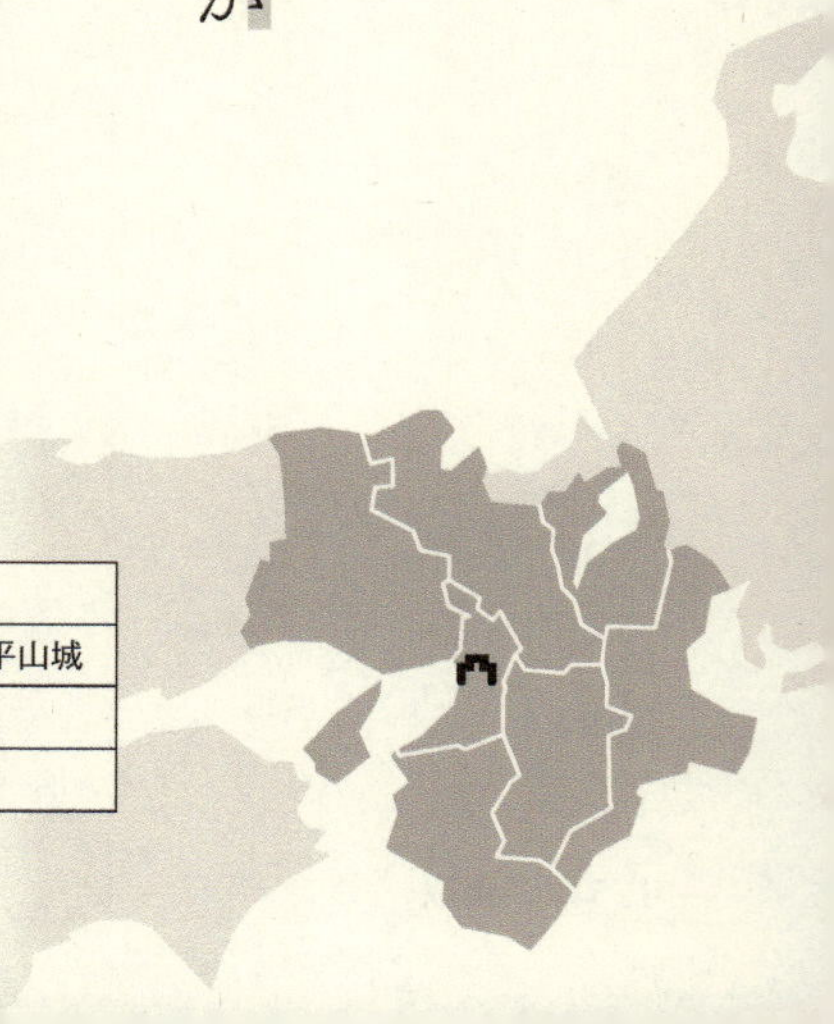

紅蓮の炎に包まれた。

しかし、町奉行所与力という幕府役人を勤めていながら、大塩が幕政批判を掲げて大坂城下で挙兵に及んだ理由とはいったい何だったのか。

幕府はもちろん、日本全国に大きな衝撃を与えた大塩の乱の背景を探る。

改造された大坂城

豊臣秀吉がその名にかけて築いた大坂城は徳川家康率いる幕府軍の攻撃の前に落城し、天守閣などの建物も焼け落ちた。豊臣秀頼と母淀殿は自害し、豊臣家は滅亡する。元和元年（一六一五）五月八日のことである（大坂夏の陣）。

大坂の陣の後、大坂城は家康の外孫にあたる松平（奥平）忠明に与えられたが、同五年（一六一九）に忠明は大和郡山へ転封される。大坂は幕府直轄地となり、伏見城代の内藤信正が大坂城代に転じたが、これが大坂城代のはじまりだった。

大坂を直轄地とした二代将軍秀忠は大坂城の大改造を企て、当代きっての城造りの名人とうたわれた津藩主の藤堂高虎に以下のように命じる。新たな大坂城は、堀の深さと石垣の高さを旧の二倍にするようにと。

豊臣家から天下人の地位を奪った徳川家としては、豊臣家の存在をイメージさせる大坂城が秀吉時代のままに残されていては都合が悪かった。よって、秀吉時代の大坂城を覆い隠すように、焼け落ちた建物の上に盛り土がなされ、巨大な石垣が組み直された。秀忠が高虎に指示したように、その高さは以前の二倍であり、堀の深さも同様だった。

秀吉が造った天守よりはるかに大きい天守も造られたが、これにしても秀吉のイメージを覆い隠したい意図が秘められていた。大坂城はさらに巨大化し、イギリスの平戸商館長リチャード・コックスによれば、秀吉時代の三倍もの規模になったという。

幕府は大改造した大坂城には城主は置かず、城代という形で有力譜代大名に預けたが、城代は城の守衛だけが職務ではない。西国諸大名の動静を監察することも城代の職務とされた。

城代の配下として、一～二万石級の小大名から任命された大坂定番（二名）、加番（四名）が付属するほか、旗本から構成される大番組が二組ずつ江戸から赴任し、本丸・二の丸などの警備にあたった。江戸城に次ぐ巨大な城を預けられた以上、城代に

江戸初期の大改造で秀吉時代の遺構は地中に埋もれた

は相応の軍事力が必要であった。
大坂市中の治安維持と市政にあたった大坂東西両町奉行も指揮下に置いていた。旗本から任命された町奉行には与力各三十騎、同心各五十人ずつが付属した。
大坂城代は職務を無事に全うすると、朝廷や西国諸大名の監察にあたった京都所司代、次いで老中へと昇進するのが習いである。旗本役の大坂町奉行の場合は、江戸に戻って町奉行や勘定奉行の要職に就任することが多かった。

大塩平八郎の憤激

寛政五年（一七九三）に大坂東町奉行所

与力の家に生まれた大塩平八郎は与力在職中、同僚与力の不正告発も辞さないほどの清廉潔白な正義感の持ち主として知られた。しかし、文政十三年（一八三〇）には若くして隠居してしまい、養子の格之助にその職を譲る。

大塩は与力の時から、天満にあった自分の屋敷で洗心洞という名の塾を開き、陽明学を講じていた。大塩には陽明学者としての顔もあった。

陽明学とは、中国伝来の学問である儒学の一派である。一口に儒学といっても、いくつもの学派があったが、寛政二年（一七九〇）の「寛政異学の禁」で幕府から正学と認定された朱子学が最も勢力を誇った。朱子学が正学とされたのは、身分秩序つまりは現状維持を重視する学問だったからである。支配者の幕府にしてみれば実に都合が良い。

一方、陽明学は同じ儒学でも朱子学に比べると、実践つまり行動を重視した学問である。「知行合一」――知識は行動を伴ってこそ完成する。秩序よりも行動というわけだ。

朱子学よりもアクティブな思想であり、それゆえ突き詰めれば体制批判に転化する危険性も孕んでいた。それを地で行ったのが幕政を批判して挙兵した大塩なのである。

大塩の洗心洞に学んだ門人の多くは、大坂町奉行所の与力・同心の子弟、そして近隣の豪農層で占められた。後に、彼らの多くが挙兵に加わることになる。

与力を辞めた後も、大塩は政治や社会の動向に強い関心を持ち続けるが、天保四年（一八三三）に入ると関東から東北は深刻な冷害に見舞われ、大凶作となる。天保の大飢饉のはじまりだ。農村では餓死者が続出する。

同七年（一八三六）は四年を上回る凶作となり、米価が暴騰する。農村のみならず、都市部でも餓死者が続出する惨状だった。追い詰められた農民は領主に対して百姓一揆を起こし、都市では米価を吊り上げる米屋などへの打ちこわしが頻発した。

そうした不穏な情勢は上方も同じである。大坂でも米価が暴騰していた。

事態を危険視した大塩は町奉行所に窮民救済の策を建言する一方で、鴻池をはじめとする大坂の豪商たちに助力を求める。飢えに苦しむ窮民への御救米（金）支給を町奉行所や豪商に求めたが、いずれも受け入れられなかった。大塩は町奉行所や豪商に対する反感を募らせる。

一方、大坂町奉行所は上方の米をできるだけ江戸へ送るよう奨励していたが、これが米価暴騰に拍車を掛ける要因となる。

折しも十一代将軍家斉が隠居し、奇しくも大塩と同じ年の家慶が新将軍となる儀式の準備が江戸では進められていた。儀式には大量の米が必要ということで、幕閣は大坂町奉行に対して、上方つまりは大坂の米を江戸に送るよう命じたのだ。

よって、大塩の批判の矛先は大坂の町奉行所や豪商を超え、幕府そのものに向けられるようになる。挙兵の時が近づきつつあった。

挙兵

運命の天保八年が明けた。

正月、大塩は著書の出版を通してかねてから懇意だった河内屋喜兵衛たち四人に蔵書千二百冊余を売り払い、その代金六百六十八両余を大坂や近隣の窮民に「施行札」という形で配った。札と引き換えに現金を渡したのである。幕府に代わって窮民救済を行うとともに、挙兵の際には窮民たちが駆け付けてくれることを狙った。

その後、挙兵は二月十九日と決まる。大塩が「奸吏」と糾弾する大坂両町奉行を討ち取った後、市中に火を放つ計画だった。いわば君側の奸を除くことで、幕府が政治を改めることを期待した。

挙兵の日が近づくと、門人たちは洗心洞に集まって武装蜂起の準備を進めたが、密告により事前に町奉行所へ漏れてしまう。大塩は予定を早め、同日早朝に蜂起する。「救民」の旗を押し立てた大塩勢は門弟の与力・同心に加えて、近隣の農民たちも加わり、総勢約三百人にも達した。自邸に火を掛けた大塩は、与力・同心の組屋敷があった天満に向けて手当たり次第に大砲や火矢を放たせた。

天満一帯を焼き払った後、船場に入った。船場では、大塩が「奸商」と糾弾した豪商宅と次々と焼き討ちする。困窮に苦しむ人々を見殺しにし、町奉行所と癒着して甘い汁を吸っているとみなしていたからだ。

元与力の挙兵に驚愕した町奉行所は混乱の極に達するが、大坂城代からの援軍も加えて防戦に努める。二度にわたって砲撃戦を交わした後、寄せ集めの大塩勢は四散し、午後四~五時頃には戦火は収まった。

城下で市街戦は展開されたものの、大塩勢の戦死者は三人。町奉行所側は負傷者もおらず無傷だった。実際のところは小競り合い程度だったが、四方八方に火が燃え広がったことで大坂市中の約五分の一が焼失してしまう。俗に「大塩焼け」と称された。

市街戦では大塩勢を一人も捕縛できなかったため、鎮圧後の町奉行所による捜査は峻厳を極める。参加者は次々と捕縛され、あるいは自害するなか、大塩は養子格之助とともに市内に潜伏し続けたが、やがて発覚する。

三月二十七日、大坂城代の指揮のもと奉行所の捕り方が大塩と格之助の潜伏先を取り囲んだ。二人は家に火を放ち、覚悟の自殺を遂げる。大塩の乱は終わった。

◆幕末の動乱へ

大坂の陣以来の城下での市街戦は小競り合い程度だったものの、幕府や社会に与えた衝撃は限りなく大きかった。それまで支配される側の農民が幕府や藩に対して一揆という形で蜂起したことは数多くみられたものの、大塩の乱は支配者側の町奉行所与力や同心が体制を批判して決起したものだったからだ。武士と農民が手を組んで立ち上がったことも、幕府には衝撃だった。

かつての大坂の陣という名の市街戦は幕府の礎を固める戦いとなったが、この時の大塩の乱は逆に幕府の土台を大いに揺るがす戦いになってしまったのである。

千《ち》早《はや》城《じょう》

なぜ楠木正成は千早城に籠もったのか

楠木正成と「七生滅賊」

楠木正成と言えば、討幕のため後醍醐天皇に忠節を尽くした人物としてのイメージが今もたいへん強い。最後は「七生滅賊」を誓って摂津国湊川で自害して果てたことで、そのイメージは決定的なものとなる。「七生滅賊」とは、七たび生まれ変わっても天皇に仇な

所在地	大阪府千早赤阪村
城郭構造	連郭式山城
築城主	楠木正成
築城年	元弘2年／正慶元年（1332）

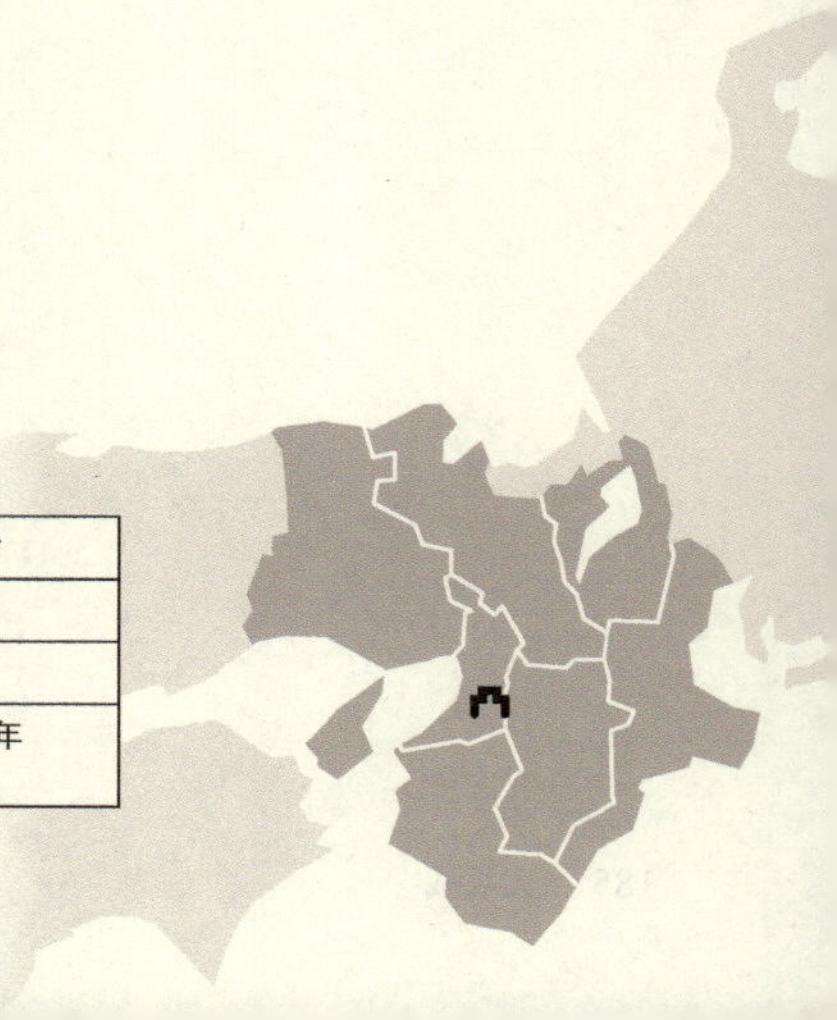

す国賊を滅ぼすという意味である。

そんな正成が天皇のため獅子奮迅の働きを繰り広げた城と言えば、河内国の千早城だろう。鎌倉幕府が派遣した討伐軍が千早城の攻城に失敗したことが、幕府滅亡を早める。まさしく歴史を変えた城だが、なぜ正成は籠城戦に勝利できたのか。

幕府滅亡に至るまでの経緯を通して、正成勝利の背景に迫る。

後醍醐天皇による討幕運動

文保二年（一三一八）、皇太子の尊治親王が即位して第九十六代後醍醐天皇となる。後の南朝に繋がる大覚寺統の天皇だったが、当時は第八十九代後深草天皇にはじまる持明院統と第九十代亀山天皇にはじまる大覚寺統がほぼ交代で即位する慣例が出来上がっていた。

これを両統迭立というが、両皇統は幕府に激しく運動し、その威光を利用して皇位継承を有利に進めようとした。そのため、必ずしも交代で即位するとは限らなかった。各皇統内で、継承候補者が一本化されていたわけでもなかった。

いきおい、皇位継承の主導権が幕府に握られることになる。後醍醐天皇にしても自分の子が即位できる見込みがなかった。というより、後醍醐天皇は大覚寺統でも中継ぎの天皇として位置付けられた。異母兄で第九十四代の後二条天皇の子孫が皇位を継承するのが、父御宇多上皇により既定路線となっていたからだ。

よって、後醍醐天皇は自分の子に皇位を継承させるため、朝廷内で強力なリーダーシップを発揮しようと試みる。これにより皇位継承で主導権を握ろうとしたが、やがて皇位に介入してくる幕府の打倒も志すようになる。それは天皇親政への道でもあった。

即位から六年後にあたる正中元年（一三二四）、後醍醐天皇の討幕計画が露見する。美濃の多治見国長と土岐頼兼が六波羅探題により討たれた。

六波羅探題とは、朝廷の監視のために置かれた幕府の京都代表部で、討幕を目指す後鳥羽上皇が起こした承久の乱後に置かれた。敗北した上皇は隠岐島に流され、京都に戻ることなく隠岐で波乱の生涯を終える。

さらに、六波羅探題は後醍醐天皇の意を受けて動いていた公家の日野資朝と日野俊基を捕え、鎌倉へ護送した（正中の変）。天皇自身の討幕計画への関与については不問に付されたが、幕府は天皇の監視を怠らなかった。そして、天皇が再び討幕を計画していることを知ると、今度は容赦しないとばかりにその身の拘束をはかる。

元弘元年（一三三一）八月二十四日、天皇は身の危険を察知して京都を脱出した。最初は奈良へ、次いで山城国の笠置山に向かった。

笠置山で、天皇は討幕を掲げて挙兵する。元弘の乱のはじまりであった。

楠木正成挙兵

天皇のもとには味方する武士たちが続々と馳せ参じてきたが、その一人が河内国南部に地盤を置く楠木正成であった。

正成というと幕府の支配に反抗する武士というイメージが強いため、幕府とは関係のない非御家人とみなされてきた。将軍と「御恩・奉公」の関係にある武士が御家人と呼ばれたことは、歴史教科書では定番の記述である。

将軍は御家人の所領を安堵（本領安堵）するだけでなく、功績を挙げれば新たに所領を与えた（新恩給与）。あるいは、守護職や地頭職に任命した。所領の安堵・給付、そして守護・地頭職への任命は将軍からの御恩と称された。

一方、御家人は将軍（幕府）の命により軍役として戦場に赴き、あるいは鎌倉や京都の警備役（鎌倉番役・京都大番役）を勤めた。これを将軍への奉公と称した。

「御恩・奉公」という持ちつ持たれつの関係が鎌倉幕府を支えたが、そうした関係にはなかった武士は非御家人とされ、幕府はその動向を危険視する。討幕運動に参加した正成がそんな非御家人の代表格と思われていたのも無理はなかった。

ところが、最近の研究によると、駿河国の住人で北条得宗家の被官である楠木氏が河内国に移り住み、同国の得宗家領を代官として管理していたことが判明している。北条得宗家とは鎌倉幕府を執権として牛耳る北条家の本家のことで、幕府つまり北条家と対決する正成は、元を正せばその家臣筋の家柄だった。御家人か否かは定かではないが、むしろ一般の御家人よりも北条家にたいへん近い立場の武士なのである。

元亨二年（一三二二）には、時の執権で北条得宗家当主でもあった北条高時の命を受け、正成は幕府に反抗する者を討伐するため摂津、紀伊、大和に出陣している。見事、討伐に成功し、恩賞として紀伊で所領が与えられた。

正成は幕府（北条家）の手足となって、幕府に反抗する勢力を討ち平らげたわけだが、その後十年を経ずして、逆に幕府に反旗を翻す立場に転じる。天皇の信任が厚い腹心で、密教の祈禱を得意とする僧文観が橋渡し役だったともいう。いずれにせよ、後醍醐天皇が挙兵すると笠置山に馳せ参じる。その後、赤坂城に籠もって幕府の大軍を迎え撃つ。

元弘元年九月、正成は本拠地に急造した赤坂城で蜂起し、天皇に味方したことを明らかにした。幕府からしてみると、裏切り行為に他ならない。その後笠置山を攻め落とし、天皇を捕らえた六波羅探題の軍勢は、鎌倉から派遣された援軍とともに赤坂城へ向かった。

正成は赤坂城に籠って奮戦する。正面から戦いを挑まず、釣り塀や熱湯の利用そして武装した農民（野伏）たちを駆使したゲリラ戦法により、幕府軍を大いに悩ます。釣り塀とは縄で支えた塀のことで、敵が登ってきた時に、これを切り落とすのである。

だが、結局は多勢に無勢だった。急造した赤坂城では十分な防戦もできず、兵糧も尽きようとしていた。天皇も幕府に捕らえられた。

正成は城に自ら火を放って身を隠し、再起を期す。一方、挙兵に失敗した天皇は退位させられ、隠岐島に流された。ここまでは、承久の乱の時の後鳥羽上皇と同じであった。

◆千早城籠城戦

捲土重来をはかっていた正成が再び挙兵したのは、翌二年（一三三二）十二月のことである。幕府方に占領されていた赤坂城すなわち下赤坂城を急襲し、その奪還に成功する。大和の吉野山中でも、天皇の皇子護良親王（大塔宮）が挙兵した。

正成は、幕府軍による再度の攻撃に備えて防備を固める。下赤坂城よりも奥地の山岳地帯に要害堅固な上赤坂城（楠木本城）を築いたが、さらに奥地の金剛山中腹に千早城も築き、最後の拠り所とする。金剛山一帯にいくつも砦を築き、その指令塔が千早城だったわけである。

三年（一三三三）正月、正成や護良親王の挙兵を受けて幕府が送った大軍勢が京都に到着する。幕府軍は閏二月一日頃、下・上赤坂城と吉野の攻略に成功し、残るは千早城だけとなった。

勢いに乗る幕府軍は一気に攻め落とそうとするが、正成は先の赤坂城の攻防戦でみせた奇策やゲリラ戦法を駆使する。城に近づく幕府軍に向けて大石や大木が落とされ、死傷者が続出する。激しい投石による死傷も甚だしかった。

山岳地帯に奥深く攻め込んでいたため幕府軍は補給線が伸びきっていたが、反幕府勢力は前線に物資や食糧を送る輸送部隊を襲撃し、千早城での正成の戦いを援護した。まさに後方攪乱だが、物資などが乏しくなった幕府軍の戦意が落ちていくのは避けられなかった。

幕府軍が千早城を攻めあぐねるなか、吉野を脱出した護良親王は各地を転々としながら、討幕を呼びかける令旨を発した。令旨とは親王の命令を伝える文書のことである。

大軍をもってしても千早城を攻め落とせず、幕府の威信は大いに傷付けられたが、さらに護良親王の令旨が呼び水となった形で、畿内各地や西国で討幕の狼煙が上がっていく。こうした討幕運動の高まりを受け、天皇は隠岐からの脱出を決意する。

閏二月二十四日未明、天皇は隠岐を脱出して伯耆に上陸する。伯耆の豪族名和長年に迎えられた天皇は討幕の綸旨を各地に発した。

幕府軍は、一転討伐される立場に転落する。千早城を攻めるどころではなくなり、

皇居外苑に立つ楠木正成像

撤退を余儀なくされるのである。

鎌倉幕府滅亡

既に六波羅探題は京都突入をはかる討幕軍と激しい戦いを繰り広げていたが、鎌倉から援軍に来たはずの有力御家人の足利高氏（尊氏）が天皇の綸旨に応じて討幕軍に加わると、持ちこたえられなかった。五月七日、京都は討幕軍により占領される。

翌八日、今度は新田義貞が上野で挙兵し、鎌倉へ攻めのぼった。激しい戦いの末、同月二十二日に高時以下北条一門は鎌倉で自害して果てる。約百五十年続いた鎌倉幕府は滅んだ。

正成が千早城での籠城戦に勝利したことが討幕運動に弾みをつけ、足利高氏たち有力御家人が幕府に離反する流れを作り出したのである。正成は幕府滅亡の引き金を引く歴史的役割を果たした。

京都に戻った後醍醐天皇は武家政治（幕府）を否定し、天皇親政を開始した。世に言う建武の新政だが、それは長く続かなかった。正成の人生も暗転する。

延元元年（一三三六）五月二十五日、一族郎党を率いた正成は湊川で天皇に反旗を翻した尊氏との決戦に臨む。天皇のもとに馳せ参じてから、まだ五年も経過していなかった。

参考文献

新井孝重『楠木正成』吉川弘文館、二〇一一年。

姫《ひめ》路《じ》城《じょう》

なぜ城主の交代が頻繁だったのか

白鷺城の別名を持つ城

白鷺城の別名が象徴するように、姫路城は白亜の漆喰で塗り籠められた天守閣がたいへん印象的な城である。近年完了した「平成の大修理」により、その白さはいっそう際立つようになった。

江戸時代、幕府の命により姫路城の城主は度々交代した。日本の

所在地	兵庫県姫路市
城郭構造	渦郭式平山城
築城主	赤松貞範
築城年	正平元年／貞和2年（1346）

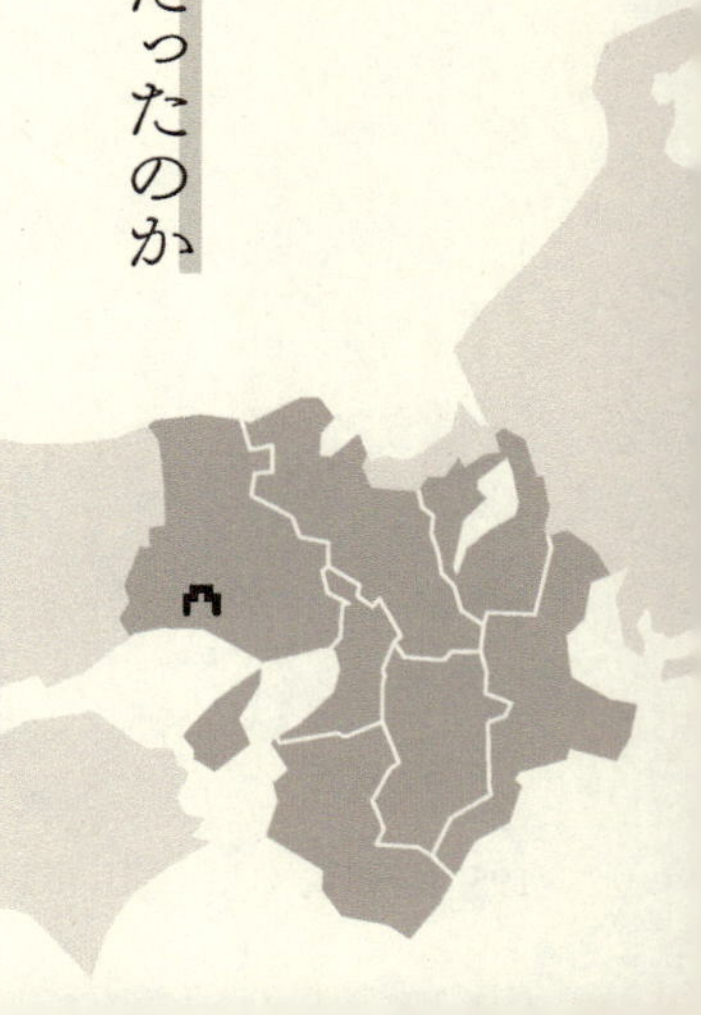

城では城主の交代が頻繁な方だったが、その理由とはいったい何なのか。城主交代に何かの法則でもあったのか。

姫路城を居城とした諸大名の特徴や動向に焦点を当てることで、城主交代の理由、そして姫路城が果たした歴史的な役割を解き明かす。

姫路城大改築と家康の娘婿池田輝政

姫路城が立つ姫山に本格的な城郭が築かれたのは正平元年（一三四六）のことだが、歴史の表舞台に登場するのは羽柴（豊臣）秀吉が入城してからである。その幕下に入った黒田官兵衛からの譲りを受けた秀吉は、天正八年（一五八〇）より三層の天守閣の建築を開始し、翌年に完成させる。

慶長五年（一六〇〇）九月の関ヶ原合戦により、徳川家康が豊臣家に代わって天下人の座に就いた。家康の娘婿で三河国の吉田城主（十五万石）だった池田輝政は家康を盟主とする東軍に属したが、戦後の論功行賞で播磨国の姫路城主（五十二万石）に封じられる。加増率は三倍を超えていたが、それには理由があった。

家康からの指示を受け、翌六年（一六〇一）より輝政は姫路城の改築に着手する。八年もの歳月をかけた工事により、姫路城は大変貌を遂げる。五重七階の大天守と三つの小天守が渡櫓で繋がる連立式天守も、この時に造られた。十四年（一六〇九）に天守は完成する。

当時、豊臣家は大坂城に健在で、江戸開府後も家康に臣従しようとはしなかった。その動向を危険視した家康は、大坂城を包囲するように徳川一門や譜代大名を上方に配置したが、十四年には西国の諸大名を動員して丹波国に篠山城を築城し、十五年（一六一〇）には亀山城の改築も完了させる。

両城は大坂城の北方に位置しており、後の大坂の陣を見据えた豊臣家包囲網の構築の一環だったが、その西方に位置する姫路城にも同じ役割を期待したのは言うまでもない。そのため、外様大名ながら娘婿として準徳川一門とも言うべき池田輝政に大封を与えて姫路城主とし、城を大改築させたわけだ。

姫路城は丹波篠山城や亀山城と同じく、家康にとっては外様大名で占められた西国の「押さえの城」であり、「豊臣家押さえの城」でもあった。

慶長二十年改め元和元年（一六一五）に大坂城は落城して豊臣家は滅亡するが、その後も山陽道の要衝たる姫路城の重要性は変わらなかった。「西国押さえの城」としての顔が前面に出てくるのである。

西国押さえの城となる

大坂の陣当時の姫路城主は池田輝政の子利隆だったが、家康の後を追うように元和二年（一六一六）六月に死去する。家督を継いで城主となったのは嫡男光政である。後に名君としてうたわれる池田光政だが、当時はまだ八歳だった。

翌三年（一六一七）六月、二代将軍秀忠は主に東国の大名を率いて上洛の途に就く。その軍勢は数万を超えたが、上洛の大きな目的に池田家の転封があった。幼少の光政では山陽道の要衝に位置する姫路城は任せられないとの理由で、減封の上、因幡国の鳥取への転封を命じた。利隆の代に弟忠継に十万石を分知したため、池田家の石高は四十二万石に減っていたが、この時十万石を削られ、三十二万石での転封となる。

当然ながら、池田家の反発が予想された。そのため、秀忠は数万の軍勢を京都に集めて幕府の軍事力を誇示した上で、鳥取移封を呑ませる。池田家の鳥取転封に伴い、因幡の諸大名も玉突き人事のような恰好で移封された。

代わりに姫路城主となったのは、譜代大名で伊勢桑名城主の本多忠政である。徳川四天王の一人本多忠勝の嫡男だ。忠政の嫡男忠刻に豊臣秀頼の正室だった千姫が嫁いだため、秀忠にとっては娘婿の父を姫路城主に据えた形であった。

いわば、家康が娘婿の池田輝政を城主に据えたのと同じだ。十五万石を与えられた忠政は姫路城主に封じられると、西の丸や三の丸などを増築して防禦力の強化に努めた。姫路城は「西国押さえの城」にふさわしい城郭へとさらなる進化を遂げていく。

本多家入封以後、姫路城主（藩主）は十五万石クラスの譜代大名もしくは徳川一門の親藩大名が据えられるのが慣例となる。幕府が頼りにする大名のなかで相応の石高を持つ者が選ばれた。

依然として、西国は圧倒的に外様大名で占められていた。豊臣家は滅んだとはいえ、幕府としては外様大名の動向には細心の注意を払わざるを得ない。上方に置いた京都所司代や大坂城代には譜代大名が任命され、西国諸大名の監視役を任務としたが、そうした事情は「西国押さえの城」たる姫路城も同じだった。

姫路城主にも西国諸大名の監視役が課せられたことは、姫路城主となった大名側が自らを「西国探題職」と自認していたことからも明らかなのである。

繰り返される城主の交代

寛永十六年（一六三九）に本多家が大和郡山に転封されると、交代する形で大和郡山から松平忠明が入城した。忠明は家康の娘亀姫と奥平信昌の間に生まれた子で、松平姓を与えられていた。

しかし、忠明の跡を継いで姫路城主となった忠弘は十歳ほどだった。その年齢では西国の押さえとしての任務つまり姫路城は任せられないとの理由で、幕府は出羽国の山形への転封を命じる。代わりに親藩大名で山形城主の松平直基に姫路城を与えたが、就封する前に死去してしまう。

跡を継いだ直矩はまだ五歳だった。そのため、幼少の身では姫路城は任せられないとの理由のもと、越後国の村上へ転封させた。代わりに姫路に入ったのは、譜代大名で陸奥国の白河城主榊原忠次だった。徳川四天王の一人榊原康政の孫にあたる大名だ。慶安二年(一六四九)のことである。

その後も、姫路城主つまり姫路藩主に幼少の者が就くと、幕府から転封を命じられるのが通例となる。転封先は越後の村上、陸奥の白河、上野の前橋などで、入れ替わる形で姫路へ移ってくるのがお決まりのパターンだった。

十五万石クラスの譜代大名もしくは徳川一門の親藩大名が姫路に移されるのが習いでもあったことから、姫路城主になれる大名家は自然と固定してくる。その結果、本多家、榊原家、松平家など同じ家が二度、三度入封することになるが、榊原家が二度目の姫路藩主だった時代に同家に危機が訪れる。

享保十七年(一七三二)に藩主の座に就いた榊原政岑は分家にあたる旗本の次男坊から本家を継いだ人物である。自由奔放な性格で、三味線や浄瑠璃を好んだ風流な藩主としても評判を取ったが、奇抜な格好で江戸城大手門を警固するだけでなく、酒色に溺れて吉原通いをはじめる。ついには、遊女高尾を身請けして姫路城内に住まわせるなど、一連の行状が幕府内で問題視されはじめる。

折しも、八代将軍吉宗による享保の改革が断行中であった。一言で言うと支出を切り詰める倹約政治であり、そのため江戸は不景気に陥る。

一方、吉宗の改革政治への反発から、徳川御三家の尾張藩主徳川宗春は名古屋城下での遊郭や芸能の営業を広く許可する。城下は大いに繁栄したが、吉宗の忌諱に触れるのは時間の問題だった。元文四年（一七三九）、吉宗は宗春に蟄居を命じる。そんな時流のなか、政岑の派手な行状も吉宗の忌諱に触れた。

寛保元年（一七四一）、政岑の行状は吉宗の改革政治に対する反発とみなされ、隠居の上蟄居を命じられる。嫡男の政永が家督を継ぐが、榊原家は越後高田へ転封された。これは懲罰としての転封だった。

その後も藩主幼少を理由とした転封がみられたが、寛延二年（一七四九）に譜代大名で老中首座の酒井忠恭が姫路に移ってきた後は、そのまま酒井家が姫路藩主として明治を迎える。

◆日本初の世界文化遺産に

慶応三年（一八六七）に薩摩藩島津家や長州藩毛利家など西国の諸大名が連合する形で新政府が樹立され、翌四年（一八六八）の鳥羽・伏見の戦いで前将軍徳川慶喜が朝敵に転落して江戸へ逃げ去ると、譜代の名門酒井家は姫路藩主として究極の選択を迫られる。

当時、藩主で老中を勤めていた酒井忠惇が慶喜に御供する形で江戸へ向かったことから、酒井家は討伐の対象に挙げられたのだ。姫路城は焼失の危機に瀕したが、戦わずして新政府軍に明け渡されたため、戦禍に巻き込まれることなく現在に至る。

そのため、天守閣や櫓、城門の保存状態もたいへん良く、昭和六年（一九三一）に国宝に指定、平成五年（一九九三）には日本初の世界文化遺産にも登録された。その様式美と威容は今も訪れる者に感動を与えている。

参考文献

『姫路市史』第三巻本編近世一、姫路市史編集専門委員会、一九九一年。

赤《あ》穂《こう》城《じょう》

なぜ大石内蔵助は赤穂城を開城したのか

刃傷松の廊下

元禄十四年（一七〇一）三月十四日、江戸城本丸御殿内の松の廊下で、勅使御馳走役の播磨赤穂藩主浅野内匠頭長矩が高家肝煎の吉良上野介義央に対して刃傷に及んだ。赤穂事件、いわゆる「忠臣蔵」のはじまりである。

所在地	兵庫県赤穂市
城郭構造	変形輪郭式平城
築城主	岡光広
築城年	文正元年－文明15年 (1466－83)

この刃傷事件により、浅野長矩は即日切腹。赤穂藩浅野家は御家断絶。赤穂城は開城となる。だが、城代家老の大石内蔵助は、開城の日も赤穂に派遣された幕府上使に対して様々な駆け引きを試みる。いったい、内蔵助は何を考えていたのか。

刃傷松の廊下から赤穂城開城までの過程より、内蔵助の真意に迫る。

赤穂藩御取り潰し

改易処分を受けた赤穂藩浅野家は五万石の外様大名だったが、切腹した長矩には実子がおらず、弟で旗本（三千石）の浅野大学長広が養嗣子に入っていた。そのため、長広も長矩の罪に縁座する形で、改易の翌日にあたる翌十五日に閉門を命じられる。

幕府は赤穂藩改易に伴い、赤穂城そして赤穂藩に下賜していた江戸藩邸を収公することを決める。江戸藩邸については、二十二日までに鉄砲洲の上屋敷や赤坂の下屋敷が没収され、藩邸詰の藩士たちは町屋敷へ引き払った。長矩の正室阿久里は、実家の三次藩浅野家に引き取られていった。

突然の改易に、赤穂藩内が驚愕したのは言うまでもない。幕府も藩士たちの暴発を懸念し、藩内で騒ぎが起きないよう対処することを長矩の親類筋の大名や旗本に命じている。親類筋の大名とは長矩の従兄弟にあたる美濃大垣藩主戸田氏定、旗本は長矩の叔父浅野長恒のことである。

しかし、幕府が最も期待したのは赤穂藩にとっては本藩（家）にあたる広島藩浅野家だった。浅野本家にしても、分家がこれ以上不始末を重ねると幕府から責任を問われかねない。幕府の期待はよく分かっていたはずだ。

時を移さず、城受け取りの幕府上使が派遣されることになっていた。旗本の荒木十左衛門と榊原采女の二人である。実際に赤穂藩から城を受け取るのは播磨龍野藩主脇坂安照と備中足守藩主木下公定の役目であり、両藩は兵備を整えて藩兵を赤穂城へ向かわせた。なお、所領受け取りのため幕府代官の石原正氏と岡田俊陳も派遣された。

ただ、国元の赤穂藩士たちが主君の切腹そして御家断絶の処分に反発し、城の明け渡しを拒否する事態も想定された。籠城である。幕府としては城受け取りが円滑に行われるよう、前もって地ならししておく必要があった。

三月二十九日、広島藩の使者が赤穂に到着する。四月一日には三次藩、同月六日には大垣藩の使者も赤穂に到着した。赤穂藩士たちが開城を拒否して籠城戦にでもなれば、親類の大名たちもただでは済まない。

よって、広島藩などの親類大名としては上使が到着する前に、開城に応じるよう藩士たちを説得しなければならなかった。それは幕府の望むところでもあった。

開城か籠城か

国元が主君の刃傷、切腹そして御家断絶を知ったのは、刃傷から五日後の三月十九日のことである。国元を預かる藩の最高責任者は大石内蔵助だった。

藩が改易に処され、主君もこの世にいない以上、内蔵助が全責任を持って赤穂藩の残務処理を遂行しなければならなかった。城受け取りの幕府上使や龍野・足守藩兵に対応するのも内蔵助の役目だったが、まず手を付けたのは藩札の処分である。

貨幣を発行できるのは幕府のみだったが、財政難に苦しむ藩の多くは幕府の許可を得て藩札という兌換紙幣を発行した。兌換を求められれば正貨（金貨か銀貨）で交換しなければならないが、赤穂藩は藩札発行額と同額の兌換準備金は持ち合わせていなかった。銀九百貫分の藩札を発行していたにもかかわらず、準備銀は七百貫に過ぎなかった。

そして、藩の改易により藩札がただの紙屑になる恐れが出てきた。藩札を持つ者はそう考え、正貨との引き換えを求めて赤穂藩の札座に殺到する。御家断絶の急報が赤穂に入ったのは十九日だが、早くもこの日から、商人たちが引き換えを求めて押しかけた。

赤穂藩つまり内蔵助はこの取り付け騒ぎを受け、翌二十日より額面価格の六割で藩札を正貨と引き換えた。藩札を持つ側からすると四割の損であるから不満は残ったが、その条件で応じなければまるまるの損であり、不承不承、六割での引き換えを受け入れている。

ともかくも藩札の処理を完了させた手際は、この後滞りなく開城を実現させたことと併せて、内蔵助の評価を高める。内蔵助にとってみれば、藩内で無用の騒ぎを起こすことなく幕府が望む開城を実現すれば、その印象は良くなるという読みがあった。これから取り組む御家再興運動への布石に他ならなかった。

肝心の城の明け渡しだが、国元の藩士の間では幕府への対応をめぐって意見が割れていた。というよりも、ただ混乱していた。江戸詰の藩士もまとまりがなかった。突

復元された高麗門

然の事態を受けて頭の中がパニックとなり、途方に暮れていたというのが事実に近い。

幕府が危惧した籠城を主張した藩士はいなかった。とはいえ、幕府の改易処置を甘受するという藩士ばかりではなく、抗議して切腹という意見も数多くみられた。

藩内の動向を見極めていた内蔵助は、上使の到着が時間の問題になりつつあった四月十一日、登城した主だった藩士を前に、藩が改易されたことへの恨み言を一通り上使に申し述べた上で切腹する覚悟を開陳した。そして、同心する者に誓紙の提出を求める。六十人余の藩士が誓紙を提出したという。抗議の切腹である。

しかし、結局は抗議の切腹はせず、粛々と開城することを決める。同月十六日、上使の荒木と榊原が、翌十七日に代官の石原と岡田が赤穂に到着した。十八日に龍野藩兵、十九日には足守藩兵も到着した。龍野藩兵だけで四五五〇人という大軍勢だった。

赤穂周辺の藩も、万一に備えて厳戒態勢を敷いた。備前岡山藩は赤穂藩領境に六百の兵を配置し、讃岐高松藩も数百艘の船を出して赤穂沖を警戒した。同じく姫路・明石・徳島・丸亀・松山藩も兵や船を出して、事態の推移を見守った。

大石内蔵助の真意

開城の日は元禄十四年四月十八日である。

上使の荒木と榊原が検分のため城内に入り、内蔵助たち藩重役がこれを迎えた。あらかじめ赤穂藩には城や領民支配に関する書類、すなわち城絵図、領内絵図、武具帳、検地帳、年貢運上帳などの提出を命じていた。当日は、書類一式の点検が行われた。

翌十九日には龍野・足守藩兵が城内に入り、武具類を点検した。帳面どおり接収できるよう整然と仕分けられていた。

城内の清掃も行き届いていた。まさしく立つ鳥跡を濁さずであり、城受け取りの幕府上使のみならず、監視役の形で赤穂に滞在していた広島藩士も内蔵助の手腕を大いに称賛したほどだった。

実は、内蔵助には城受け取りの経験があった。元禄六年（一六九三）に備中松山藩水谷家が無嗣断絶となった時、松山城の受け取りを命じられたのが奇しくも赤穂藩なのである。翌七年（一六九四）に水谷家から松山城を受け取った後も、高崎藩安藤家が入封するまでの一年以上、内蔵助は松山城に在番して管理にあたっている。

今回は攻守ところを転じたわけだが、開城に関する事務処理をスムーズに遂行できたのは、その時の経験が大きかった。

上使を城内に迎えた十八日、内蔵助は長矩の養嗣子で閉門中の浅野大学についての話題を持ち出している。大学による浅野家再興への配慮を願ったのだ。籠城はもとより抗議の切腹もせず、幕府の命に従って諾々と開城に応じた真意も、その一点にあった。内蔵助は三度にわたって、御家再興への配慮を願っている。

くる。

上使との緊迫したやり取りを通じて、開城に応じた内蔵助の真意が浮かび上がって

束した。内蔵助の気迫に押し切られた格好である。

ないふりをしていたが、結局のところは江戸に戻ったら老中に申し上げると口頭で約

御家再興を申し出られても職務権限外のことで、何とも答えようがなかった。聞こえ

困惑したのは、荒木・榊原の両上使である。城を受け取るのが二人の任務であり、

御家再興運動のはじまり

赤穂城開城後、旧藩士たちは幕府からの命に従い、城下を次々と立ち退いていった。内蔵助も赤穂を立ち退き、京都近郊の山科村に移り住んだが、その直後より三つのルートを通じての御家再興運動を開始する。

城受け取りの上使を通じて御家再興を老中に嘆願する第一のルート。本家の広島藩浅野家や同じく分家の三次藩浅野家から嘆願する第二のルート。赤穂の遠林寺や京都の智積院を介して、将軍綱吉の信任が厚かった護持院隆光へ力添えを依頼する第三の

ルートだ。
吉良邸討ち入りが内蔵助の視界に入ってくるのは、一年以上にもわたる御家再興運動が挫折した時からであった。

参考文献

野口武彦『忠臣蔵』ちくま新書、一九九四年。

備《びっ》中《ちゅう》高《たか》松《まつ》城《じょう》

なぜ秀吉は水攻めを行ったのか

城攻めの名人

巷間、城攻めの名人と喧伝されている豊臣秀吉にとり、備中高松城の水攻めは自らの運命を変える城攻めとなった。水攻めの最中に、天下統一に向かって驀進していた主君織田信長が明智光秀によって京都で不慮の死を遂げたからだ。本能寺の変である。

所在地	岡山県岡山市
城郭構造	梯郭式平城
築城主	石川氏
築城年	不明

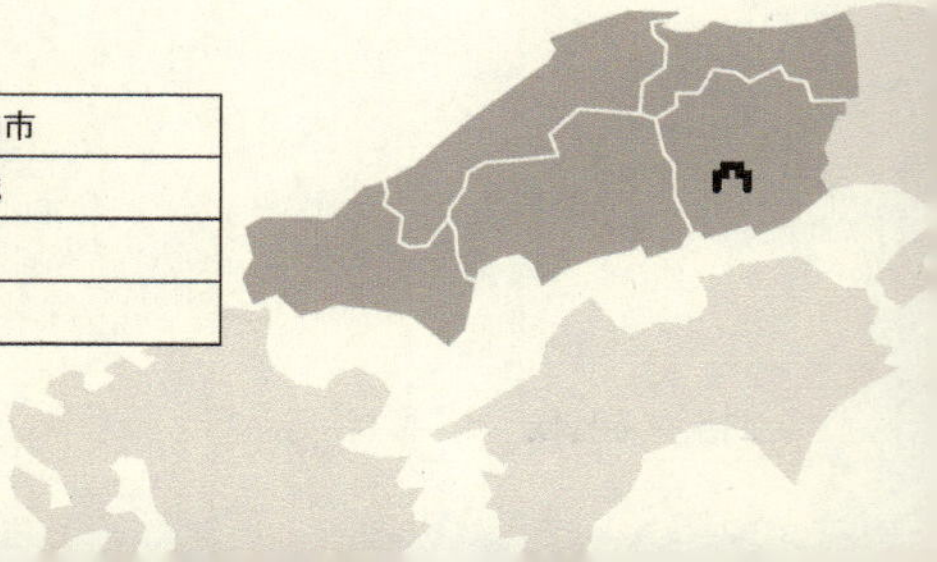

その個性が際立つためか、城攻めでは秀吉以外の人物が目立たない印象があるが、すべてを秀吉が取り仕切ったわけではない。一連の城攻めは、誰が発案して誰が実行したのか。

高松城の水攻めを通して、秀吉の城攻めを陰で支えた人々の姿に注目してみる。

三木の干殺し、鳥取の渇《かつ》え殺し

中国地方の太守毛利家との戦いのため、信長の命を受けた秀吉が前線基地とも言うべき播磨の姫路城に入ったのは、天正五年（一五七七）十月のことである。

中国攻めの前哨戦となる播磨の平定で、秀吉は思わぬ難戦を強いられる。播磨で毛利家の軍勢と対峙する傍ら、織田家の版図に入っていたはずの摂津国で敵を抱えてしまったのだ。

六年（一五七八）十月、信長配下の武将で摂津の支配を任せられていた荒木村重が突如反旗を翻す。摂津の有岡城に籠もって毛利家に寝返ったため、秀吉は挟み撃ちされる格好となった。

翌七年（一五七九）十月に有岡城が落城したことで、秀吉は危機を脱する。八年（一五八〇）正月には、同六年以来兵糧攻めにかけていた播磨の三木城が開城した。兵糧が尽きたのである。

いわゆる「三木の干殺し」だ。城主の別所長治は切腹し、名実ともに播磨は織田家の領国となる。

播磨を平定した秀吉は、いよいよ中国攻めに取り掛かる。

九年（一五八一）六月、秀吉は大軍を率いて山陰道の因幡国に向かった。三木城と同じく鳥取城を包囲して兵糧攻めにかけたが、攻城に着手する前、商人に因幡の米を買い占めさせている。倍の価格で買い上げたため、高値に目が眩んだ農民たちは争うように売り、因幡国内の米はみるみる減った。

一方、鳥取城を囲む前に秀吉軍は農村に押し寄せて農民たちに乱暴を働いた。秀吉軍の乱暴を恐れた農民たちは鳥取城に次々と逃げ込んだため、城内の人数は膨らんでいった。

兵糧米になりそうな米を買い占め、併せて籠城の人数を増やすことで、兵糧攻めの効果を高めようとしたわけだ。

その策は的中する。攻城から二カ月で城内の兵糧は尽き、餓死者も続出した。今度は「鳥取の渇え殺し」であった。

十月には、鳥取城も開城に追い込まれる。城主として毛利家から送り込まれていた吉川経家は切腹。播磨に続いて因幡も織田家の領国となった。

明けて、運命の天正十年（一五八二）がやってきた。

三月十五日、秀吉は約三万の軍勢を率いて山陽道を西へ向ったが、播磨の西隣の備前を領国とする岡山城主宇喜多家の軍勢もこれに加わる。七年九月に、それまで毛利家の傘下にあった宇喜多家は信長に帰属したが、その裏では秀吉配下の謀将黒田官兵衛の奔走があった。

戦わずして宇喜多家を傘下に収めた秀吉は播磨を平定すると、中国攻略の前線基地を姫路城から岡山城に進ませる。十年からは備中国への侵攻を開始し、いよいよ毛利家と雌雄を決する運びとなる。

かたや毛利家は、備前との国境近くに築かれていた高松城など七つの城で秀吉軍を迎撃する構えを取った。しかし、数に勝る秀吉軍はそれらの城を次々と攻め落とし、備中の要衝で清水宗治が城主の高松城へと迫った。

◇黒田官兵衛と蜂須賀小六

四月二十七日、秀吉は高松城を眼下に見下ろす龍王山に本陣を構えたが、低湿地に築かれた高松城は攻めるに難しい城だった。城の周囲には沼地や泥田が広がり、天然の要害となっていた。力攻めを強行すれば、味方の損害は計り知れない。

本来ならば、三木城や鳥取城と同じく持久戦つまり兵糧攻めにかけるところだが、毛利家の援軍の来着も予想された。そのため、城攻めに長い時間をかけることはできなかった。

ここで秀吉が採ったのが水攻めだった。

高松城の近くを流れる足守川を堤防で堰き止め、水を城側に流し込むことで水没させようとはかる。水攻めにより籠城する数千の城兵の戦意を喪失させ、速やかに開城に追い込もうという目論見であったが、物の見事に的中する。

この水攻めのアイデアを思いついたのは秀吉で、堤防を築いて秀吉の企画を実現させたのは黒田官兵衛というのが定説になっているが、この時の秀吉には官兵衛のほかにも参謀としての役割を果たす謀将がいた。

その名を蜂須賀小六という。この築堤の責任者を勤めた武将でもあった。

もともと、小六は木曽川の流域で「川並衆」として活動していた人物である。川並衆とは材木を船で運送するほか、土木工事にも従事する土豪だ。要するに、土木技術にも精通するテクノクラートとしての顔も持つ武将だった。そうした技術力が秀吉の城攻めに活かされたことは想像するにたやすい。

城を築くには高度な土木建築の技術が不可欠であり、戦国大名は領内の職人たちを支配下に置き、戦時には軍列に加えている。合戦となれば陣地を設営しなければならず、城攻めでも攻囲用の柵や櫓の構築が必要だ。土木建築の技術なくして、城攻めなど到底不可能なのである。

戦国大名は合戦だけに明け暮れたのではない。総じて河川の治水・灌漑事業に力を入れ、領内の農業生産力の向上をはかっている。経済力の裏付けがなければ鉄砲も軍需物資も入手できず、ひいては合戦に勝利できない。

こうして領内の事業には、築城や合戦で駆使された土木・建築技術が大いに活用された。戦国大名の武田家が釜無川の治水のため築いた信玄堤などは、高度な土木技術が領内のインフラ整備に反映された象徴的な事例である。

落城寸前となる高松城

秀吉のアイデアに基づき立案された築堤工事は、五月八日より開始された。昼夜兼行の突貫工事により、二十日後には堤防が完成する。

堤防の高さは約七メートル、幅は下部が二十メートルほどで上部がその半分、長さは約二・八キロメートルにも及んでいた。難工事だったはずだが、「川並衆」として活躍した小六たちの能力が存分に発揮されたことで、短期間で仕上げることができた。

その上、ちょうと梅雨時だったことが、秀吉には幸いする。川が増水したことで、堰き止められた水が城の周りに瞬く間に流入し、その水位が急上昇していったのだ。堰き止めた水を城側に流し込むことを止めない限り、城の水没は時間の問題となる。

既に高松城からの急報を受け、毛利家では当主輝元の叔父吉川元春と小早川隆景が軍勢を率いて高松城の近くに着陣していた。だが、水没が近づきつつある城を前にして、妙案を見出すことはできなかった。

城を水没寸前にまで追い込んでいた堤防を挟む形で両軍は睨み合うが、頃は良しとして、秀吉は毛利家に和睦を持ち掛ける。これを拒否すれば、高松城と数千の城兵を見殺しにする結果となるため、毛利家は秀吉との交渉に応じざるを得なかった。

秀吉は毛利家からの使者安国寺恵瓊に対し、五カ国（備中・備後・伯耆・出雲・石見）の割譲を求めた。和睦というよりも、五カ国の割譲を条件に毛利家の存続を認めるという趣旨の交渉だった。信長の代理人として毛利家に降伏を求めたのである。

一方、秀吉は安土城の信長に毛利軍の来襲を急報する。信長は出陣を決意し、明智光秀たち諸将に秀吉の救援に向かうよう指示した。自らは京都の本能寺に入った。

本能寺の変

しかし、信長は高松城の水攻めをその目で見ることはなかった。六月二日早朝に本能寺で生涯を終えたからである。その衝撃的な報せを翌三日に受け取った秀吉は、急ぎ和睦する。四日昼には城主清水宗治が切腹し、高松城は開城となった。

六日には陣所を引き払い、上方への急行軍を開始する。中国大返しだ。

信長に代わって秀吉が天下人の座に就いたのは、それから八年後の天正十八年（一五九〇）のことである。

広《ひろ》島《しま》城《じょう》

なぜ日清戦争の時に大本営が置かれたのか

事実上の首都移転

江戸時代まで広島が歴史の舞台として注目されることはあまりなかったが、明治に入ると俄然注目される。日清戦争の時には広島城内に大本営が置かれ、明治天皇も起居した。

さらに、臨時の国会議事堂まで広島に建設され、臨時議会が開催さ

所在地	広島県広島市
城郭構造	輪郭式平城
築城主	毛利輝元
築城年	天正17年（1589）

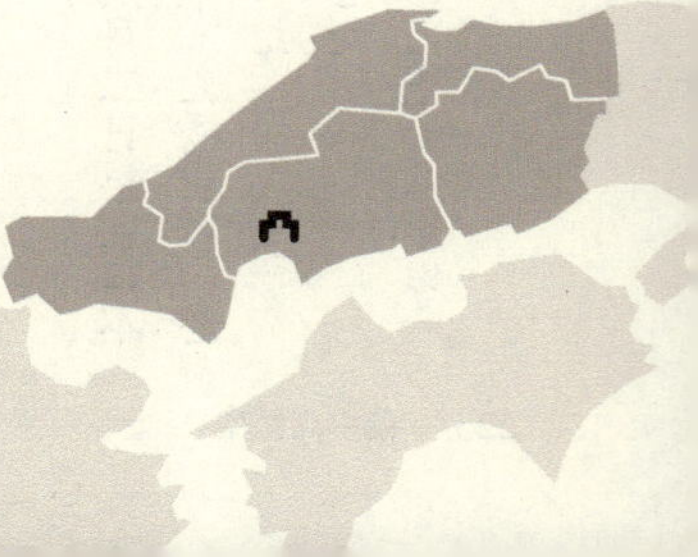

れる。事実上、首都が一時移転したと言ってもよいが、なぜ広島に大本営が置かれ、国会まで開かれたのか。

対外戦争の時期は、どうしても外地での戦いが注目される。だが、戦時中も国内では様々な動きがみられたのである。

日清戦争中の広島城と城下に焦点を当てることで、あまり語られることのない日清戦争中の内政の大きな変化に迫ってみる。

毛利輝元の広島城築城

広島城を築いたのは、戦国大名の代表格として知られた毛利元就の孫毛利輝元である。天正十八年（一五九〇）に豊臣秀吉は天下を統一するが、その前年の十七年（一五八九）より、輝元は広島で築城を開始する。

もともと、毛利家は同じ安芸国の郡山城（現・広島県安芸高田市）を居城としていた。名前のとおりの山城だったが、秀吉の勧めもあり、平地に居城を築くことを決める。太田川が瀬戸内海に流れ込むデルタ地帯に、難工事の末、広島城を築城した。

毛利家は中国十カ国を支配する大名として天下人の秀吉から重んじられ、関東の太守徳川家康に次ぐポジションを与えられていた。秀吉の晩年には家康とともに五大老の一人として豊臣家の重鎮となるが、慶長三年（一五九八）に秀吉が死去すると、家康と対立するようになる。

同五年（一六〇〇）に石田三成が打倒家康を掲げて挙兵した際には、その誘いに応じて西軍の総大将の座に就く。東軍総大将の家康と対峙したが、関ヶ原合戦で三成が敗れると、輝元はその責任を問われる。

結果として、周防・長門二カ国以外の領国を取り上げられ、築城したばかりの広島城も失った。広島城には、東軍に属して関ヶ原合戦で奮戦し、安芸・備後両国を与えられた豊臣恩顧の有力大名福島正則が入った。

しかし、元和五年（一六一九）に正則は改易となる。豊臣家滅亡直後に公布された武家諸法度で、諸大名が幕府の許可なく城を普請することは禁じられていたが、その禁令に背き広島城を普請したことが咎められたのである。

デルタ地帯に築城したため、広島城は水害に遭いやすかった。水害で本丸・二の丸・三の丸、石垣が破損したことから、その普請を行ったのだが、これが仇となった。

福島家改易後は、紀伊国和歌山城主の浅野長晟が広島城に入る。以後、明治維新まで浅野家が広島城を居城とし、併せて城下町の整備が進められていった。

〈日清戦争開戦と広島大本営

明治四年（一八七一）七月十七日の廃藩置県により、広島城が浅野家の居城だった時代は終わる。廃藩置県後、政府は東京、大阪、鎮西（熊本）、東北（仙台）に鎮台を置いた。

鎮台とは全国に配備された政府軍のことである。当初は四鎮台だったが、同六年（一八七三）に名古屋と広島にも新設され、六鎮台となる。ここに広島鎮台が誕生するが、司令部は広島城内に置かれた。

二十一年（一八八八）に鎮台は廃止され、師団に改編される。広島第五師団の誕生だ。引き続き、師団司令部は広島城内に置かれた。他の五師団は、東京第一師団、仙台第二師団、名古屋第三師団、大阪第四師団、熊本第六師団である。

その六年後にあたる二十七年（一八九四）に、日本は大国の清と開戦する。日清戦争だ。朝鮮での覇権をめぐって日清両国は激しく対立していたが、ついに戦争により決着が付けられることになる。

折しも、朝鮮国内で同国政府の専制政治に反発する大規模な農民の反乱が起きる。この反乱は「甲午農民戦争」と呼ばれるが、朝鮮政府は自力で鎮圧できず、清に出兵を要請する。

これに対抗する形で、日本も大兵を朝鮮に送り込むことが閣議決定される。明治二十七年（一八九四）六月二日のことであった。時の内閣は第二次伊藤博文内閣である。出兵を命じられた混成第九旅団八千は、広島を衛戍地とする歩兵連隊を基幹としていた。つまり、広島城に司令部を置く広島師団が開戦の口火を切ることになる。

朝鮮出兵が閣議決定されたことで、同月五日に参謀本部内に大本営が設置される。前年に公布された戦時大本営条例に基づく対応だった。七月十七日には宮中で大本営会議が開かれ、大元帥として陸海軍を統帥する明治天皇も臨席する。八月五日、大本営は宮中に移された。

朝鮮に出兵した両軍だが、一カ月あまり睨み合った後、同月二十三日に事態が動く。日本軍が朝鮮の首都漢城にあった王宮を占領し、国王を拘束したのである。そして、朝鮮政府をして清の兵士の駆逐を日本に依頼する文書を出させた。二十五日、豊島沖で日本の連合艦隊が清の軍艦と交戦し、これを破った。二十九日には、成歓で混成第九旅団が清の陸軍を敗走させた。八月二日、宣戦詔書（八月一日付）が発せられたが、前日に清も宣戦布告しており、正式に開戦となる。同十四日、朝鮮国内占領後は鴨緑江を越え、清国への進撃を目指す第一軍（名古屋師団、広島師団）の編成が決まる。九月二十一日には、清の遼東半島の占領を目指す第二軍（東京師団、仙台師団、熊本師団）の編成も決まった。既に同月十三日には、天皇と侍従長、宮内大臣、参謀総長以下の大本営幕僚が新橋から鉄道で広島へ向かっていた。十五日に天皇一行は広島に到着し、広島城内の師団司令部に大本営が設置される。

以後、翌二十八年（一八九五）四月二十六日までの約七カ月間、この状態が続く。二階建ての司令部には天皇の御座所のほか、侍従長たちの詰所、御前会議の軍議室、大本営各部局の事務室が置かれた。

広島での臨時議会開催

広島に大本営が置かれたのは師団司令部がある軍都だったこともさることながら、近隣に軍港の呉があり、南にも良港として知られた宇品港もあったことが大きかった。その上、この年の六月十日に神戸を始発とする山陽鉄道が広島まで開通し、東海道線や日本鉄道を通して青森から広島まで鉄道で繋がったことも見逃せない。

つまり、仙台・東京・名古屋・大阪師団の兵士は鉄道により広島までのスムーズな移動が可能だった。広島～宇品港間にも軍用線が敷かれていたため、同じく鉄道で宇品まで移動でき、そのまま海路で朝鮮半島や中国大陸に兵士を送り込めるメリットもあった。

兵士だけではない。武器・弾薬のほか膨大な軍需物資も広島から現地へ海路輸送された。広島は出征基地であるだけでなく、兵站基地としての役割も担っていた。

こうした状況を踏まえ、伊藤内閣そして戦争の指揮を執る参謀本部は広島に大本営を移すことで、前線により近い場所で戦線を指揮しようと目論んだのである。国内に向けて、現下の情勢が非常時であることも周知させるメリットもあったはずだ。

さて、広島に大本営が移される直前の九月一日、国内では第四回総選挙が実施されている。開戦前、伊藤内閣は欧米諸国との間に結んだ、いわゆる不平等条約の改正問題で窮地に立たされていた。弱腰外交であると国内の諸勢力から批判を浴び、与野党逆転の状況のなか議会でも激しい追及に遭う。開戦前の五月三十一日には、伊藤内閣弾劾上奏案が可決された。

伊藤は議会を解散して総選挙に打って出るが、その日は朝鮮出兵が閣議決定された日でもあった。そして、開戦となる。

総選挙の結果は、伊藤内閣にとり芳しいものではなかった。衆議院の与野党議席配分にさほどの変化はなく、引き続き厳しい議会運営が予想された。

よって、伊藤内閣は総選挙後の臨時議会を大本営が置かれた広島で開き、併せて広島に戒厳令を発することを決める。政府批判の封じ込めをはかったのだ。政府の強力なリーダーシップのもと、議会を乗り切ろうとしたのである。

そして、広島城下の西練兵場に木造平屋建ての仮議事堂を建設する。十月十五日に議会が召集され、会期は七日間と定められた。十八日、天皇も臨席して臨時議会が開催となる。

◇政府と議会が協調路線へ

この時の臨時議会で、伊藤内閣は日清戦争遂行のために必要な臨時軍事費の予算案と関連法案を衆議院と貴族院に提出した。それまでの議会では、衆議院で民党と呼ばれた野党側が民力休養・経費節減のお題目のもと、政府提出予算案の削減を求めるのがお決まりのこととなっていた。

政府と議会は激しく対立したわけだが、日清戦争最中に開催されたこの臨時議会では、予算案も関連法案も何の修正もなく満場一致で可決する。戦争に勝利するため、政府批判に走っていた議会が全面的に政府をバックアップする方針に転換したからである。政府の懸念は杞憂に終わった。

これが契機となり、政府は民党との協力により予算案を通過させる一方で、民党の側も閣内協力に踏み切る事例も出てくる。双方とも協調路線に舵を切りはじめる。その延長上に、やがて政党内閣も登場してくる。

広島の城下町は、そんな日本近代政治史の節目の現場でもあった。

参考文献

大谷正『日清戦争』中公新書、二〇一四年。

津《つ》和《わ》野《の》城《じょう》

なぜ明治に入ってから津和野城下が描かれたのか

山陰の小京都・津和野

島根県西部の穏やかな山間地域に位置し、「山陰の小京都」とも称される津和野町は、隠れ里のような町として観光客に根強い人気を保っている。城下町時代を彷彿とさせる街並み、そして掘割には数百匹もの鯉が泳ぐ町として全国区の知名度を誇る。

所在地	島根県鹿足郡
城郭構造	連郭式山城
築城主	吉見頼行
築城年	永仁3年（1295）

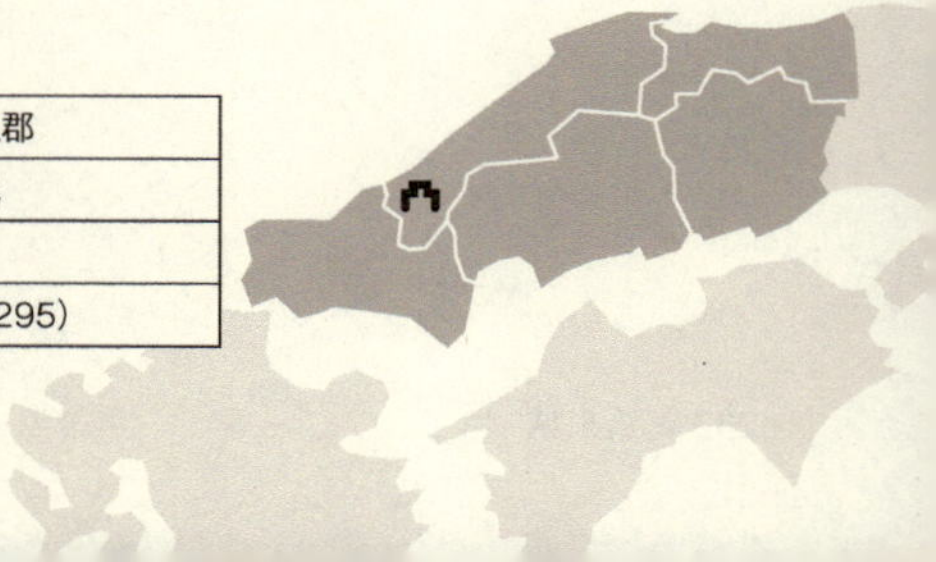

そんな津和野城下の情景を克明に描いた作品「津和野百景図」が、現在残されている。津和野藩主だった亀井家の命を受けた藩士の栗本里治（号・格斎）が、在りし日の幕末の城下を百枚の絵図で残したのだ。既に、時代は江戸から明治に入っていた。近年、「津和野百景図」で描かれた情景と現代の情景を照らし合わせながら楽しむ街歩きが、津和野を訪れる人々の間で密かなブームを呼んでいるが、なぜ亀井家は津和野城下を絵図で残そうとしたのか。

津和野藩の歴史を振り返ることで、「津和野百景図」が残された背景に迫る。

千姫事件と亀井家の入封

鎌倉幕府の命を受けて能登国からやって来た吉見頼行が津和野城の築城を開始したのは、永仁三年（一二九五）のことである。弘安五年（一二八二）に吉見氏は津和野に入っていたが、モンゴルの来襲に備えさせようとした幕府の意図が背景にあったという。

前年の四年（一二八一）に、モンゴル軍は九州に再来襲する。難戦の末、幕府は撃退に成功した。元寇の一つに数えられる弘安の役である。

津和野城は山城であり、城郭の建設には長い年月が必要だった。約三十年の歳月を経て、正中元年（一三二四）に完成する。当時は三本松城という名称でも知られていた。

やがて、時代は室町時代となるが、津和野城主の吉見氏は周防国山口に本拠を置く守護大名の大内氏の幕下に入る。大内氏は京文化を山口に積極的に取り入れたことで知られる大名だが、吉見氏もその影響を強く受け、津和野が山陰の小京都と称される礎が築かれていく。

戦国時代、今度は安芸国の戦国大名として中国地方に勢力を誇った毛利元就の幕下に入る。津和野城のある石見国は毛利家の領国となったが、慶長五年（一六〇〇）九月の関ヶ原合戦で西軍の石田三成が東軍の徳川家康に敗北したことを機に、三成が西軍の総大将として推戴した毛利家は周防・長門以外の領国を取り上げられてしまう。

毛利家の旧領には東軍に所属した諸大名が封ぜられたが、毛利家の領国と接する津和野には坂崎直盛が三万石で入部する。直盛の前名は宇喜多詮家といい、西軍として関ヶ原で奮戦した宇喜多秀家の従兄弟であったが、合戦の前年に起きた宇喜多家の御家騒動の結果、関ヶ原合戦では東軍に走り秀家の敵に回った。

戦後、軍功が認められる形で津和野城主に封じられたが、その際、家康の命により坂崎姓に改める。毛利家への備えを期待されていた直盛は津和野城の大改築を進めたが、坂崎家の時代は意外なほど短かった。

元和元年（一六一五）五月の大坂夏の陣で、家康は豊臣秀頼を滅ぼす。参陣した坂崎は家康の孫で秀頼の正室だった千姫を救い出し、一万石を加増された。家康は千姫を救い出した者に、その妻として与えると約束したと伝えられるが、約束は反故にされる。

翌二年（一六一六）、直盛は謎の死を遂げ、坂崎家は御家断絶となった。いわゆる千姫事件だが、その真相は今もって分からない。

◈最後の津和野藩主亀井茲監

坂崎家改易後、因幡国から亀井家が四万三千石で津和野に入った。千姫事件の翌年にあたる元和三年（一六一七）のことである。

以後、明治四年（一八七一）まで亀井家が津和野藩主の時代が続く。亀井家は城下町の整備を進め、今なお残る津和野城下の原型を作り上げた。

津和野藩は小藩ながらも、和紙や蠟の専売で財政的には恵まれていた。藩校養老館を拠点に学問もたいへん盛んで、幕末には有為の人材を多数輩出している。

天保十年（一八三九）に、第十代藩主亀井茲方は久留米藩有馬家から茲監を養子に迎えた。第十一代藩主亀井茲監《これみ》の誕生だ。最後の津和野藩主でもあった。

津和野藩は長州藩と国境を接しており、幕府からは毛利家を監視する役割を期待されていたが、幕末に入ると、両藩は政治的立場を同じくするようになる。長州藩は尊王攘夷運動を主導することで幕末の政局をリードしたが、津和野藩は藩主茲監が長州藩の主張に理解を示し、幕府の視線を気にしながらも支援を惜しまなかった。このことは、津和野藩が明治維新で存在感を示す大きな理由となる。

幕府が倒れて明治政府が誕生すると、茲監は神祇官副知事、尊王攘夷の志士として奔走した藩士の福羽美静が同判事に任命され、津和野藩が神祇政策をリードしていく。明治天皇の即位式にも深く関与した。

明治四年七月十四日、政府は廃藩置県を断行するが、それに先立つ五月二十二日に茲監は廃藩を願い出る。六月二十五日、廃藩の願いは認められ、津和野藩の歴史は終わった。政府による廃藩置県の方針もリードした格好だった。

明治十七年（一八八四）七月の華族令により、旧藩主には爵位が与えられた。当時の亀井家当主は茲監の養子茲明だったが、子爵を授けられる。ところが、同二十四年（一八九一）に茲明は養父茲監の功績によって伯爵に陞爵する。伯爵は十万石クラスの大名が授けられることが多く、四万三千石の身上としては異例の殊遇だった。それだけ津和野藩は政府から評価されていたわけだ。

最後の藩主亀井茲監時代の公文書や私信、業績を伝える文書などは、後に「以曽志《いそし》乃屋文庫《のやぶんこ》」としてまとめられる。明治維新の裏側を知り得る貴重な資料の数々だが、そのなかに津和野城下の絵図や絵巻物、そして「津和野百景図」も収められていたのである。

◈津和野百景図の製作

廃藩置県後、元藩主たちは東京居住が義務付けられた。亀井家も津和野を離れて、東京に移り住んだ。

明治も終わりに近づく頃、茲明の子である伯爵亀井茲常は在りし日の津和野城下を絵画で残すことを思い立つ。そして、藩士だった栗本里治に製作を依頼した。

弘化二年（一八四五）、津和野で生まれた里治は御数寄屋番として藩に仕えていた。御数寄屋番とは藩主の側近く仕え、茶器、茶室、茶園の管理にあたる役職だが、栗本自身は画才に恵まれ、狩野派の絵を学んでいる。

明治二十九年（一八九六）、里治は妻子を伴って津和野から京都に居を移したが、旧主からの依頼を受けたことで、同四十三年（一九一〇）四月から四年の歳月をかけて「津和野百景図」（全五巻）を製作した。城郭などの建物、流鏑馬などの催事、城下の寺社のほか、今もなお残る自然や伝統芸能などが百枚の絵と解説で生き生きと紹介された作品である。

百景図が製作された理由とは何か。

明治に入ると、行き過ぎた近代化・文明開化の風潮のなか日本の伝統的文化や生活様式が否定された。由緒ある貴重な文化財は売り払われて海外に流出し、あるいは破壊されていった。

しかし、明治中期以降は貴重な文化財が失われたことへの反省が強まる。その結果、反動のような形で旧き良き日本を記録、保存しようという動きが盛んになった。

東京では江戸幕府の行事や江戸の城下町を回顧した絵画が製作され、日本最初のグラフィック雑誌である『風俗画報』などに掲載された。来日した外国人も日本（人）の風俗をスケッチ、あるいは写真撮影した。こうして、旧き良き日本が世界にも紹介されていく。

江戸時代を回顧する動きが各地へ伝播していき、そんな流れに沿った形で、亀井家もかつてのお膝元だった津和野城下を絵画で残そうとしたのではないか。人々の記憶が定かなうちに記録しておかなければ、旧き良き津和野城下の面影はこの世から永久に消えてしまう。

里治は「津和野百景図」のほか、「津和野市街絵図」なども描いているが、それらも「以曽志乃屋文庫」に収められている。里治がこの世を去ったのは、大正十四年（一九二五）十一月一日のことであった。

日本遺産に認定

「津和野百景図」の完成から約百年後の平成二十七年（二〇一五）四月、津和野町が考案した「津和野今昔〜百景図を歩く」というストーリーが日本遺産に認定された。日本遺産とは、地域の活性化を目的に、地域に点在する史跡・伝統芸能などの文化財をパッケージ化し、文化・伝統を語るストーリーとして文化庁が認定したものである。そして、初年度の平成二十七年度に認定された十八のストーリーの一つに、「津和野百景図」を素材にした「津和野今昔」が選ばれた。

現在、「津和野百景図」は津和野町日本遺産センターで展示されている。この百枚に描かれた情景と現在の情景を照らし合わせながら町歩きしてみることで、江戸時代以来の津和野城下の歩みがリアルに迫ってくる。これもまた城から読む日本史の一つなのである。

参考文献
『津和野藩ものがたり』山陰中央新報社、二〇一六年。

松《まつ》山《やま》城《じょう》

なぜ正岡子規は松山城を俳句に詠んだのか

子規の俳句に詠まれた城

春や昔　十五万石の　城下哉

JR松山駅前に立つ俳人正岡子規の句碑である。伊予松山で生まれ育った子規が松山城を題材に詠んだ句だ。明治二十八年（一八九五）

所在地	愛媛県松山市
城郭構造	連郭式平山城
築城主	加藤嘉明
築城年	慶長7年（1602）着手

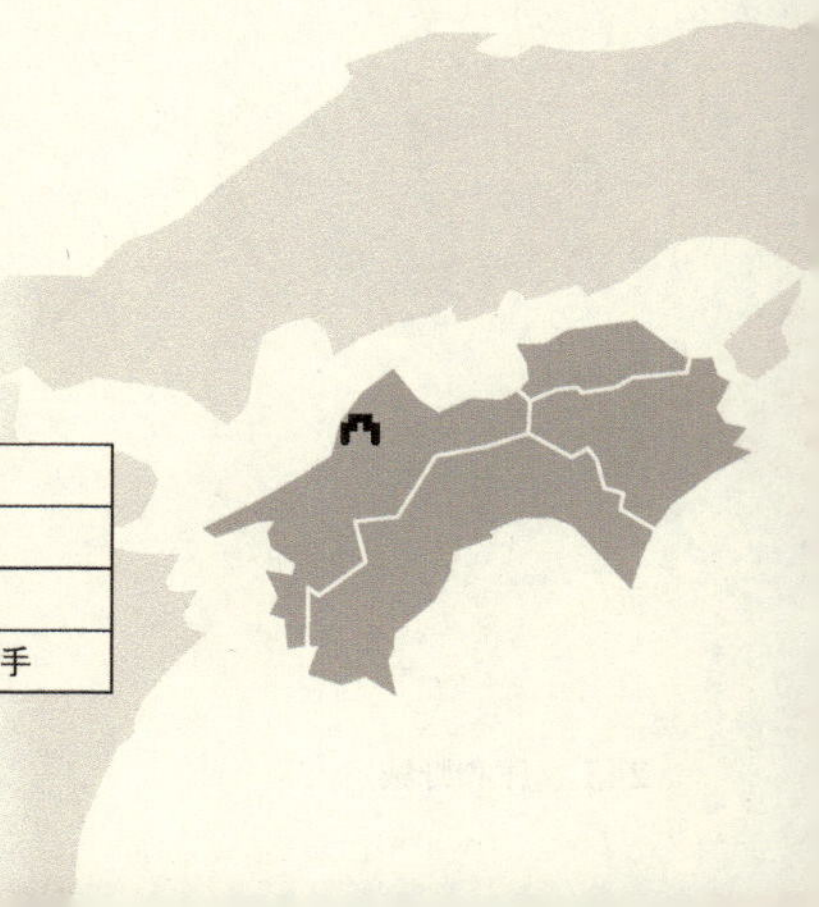

の作とされる。

子規には松山城をテーマとした俳句が少なくないが、この句は他の句を詠んだ時とはシチュエーションが違っていた。子規の人生にとって大きな転機となる出来事を目前に控えていたのである。

子規の詠んだ句を通して、松山城の歩みを読み解く。

伊予松山藩と正岡子規

松山城が築かれたのは関ヶ原合戦後のことである。

賤ヶ岳の七本槍の一人で伊予国の正木城主だった加藤嘉明は、関ヶ原合戦では家康を盟主とする東軍に属した。戦後の論功行賞では十万石を加増されて二十万石の大名となったが、これを機に道後平野の中心部に聳え立つ標高一三二メートルの勝山（城山）への築城を決める。

山頂に本丸と天守閣、裾野には二の丸と三の丸が築かれていくが、関ヶ原合戦から三年後の慶長八年（一六〇三）に嘉明は建設中の城下に移り、この地を松山と名付けた。ここに、松山城の誕生となる。

寛永四年（一六二七）に嘉明は会津へ転封となり、代わりに蒲生忠知が入城したが、十一年（一六三四）に忠知は病死する。跡継ぎのいなかった蒲生家は改易となり、翌十二年（一六三五）に松平定行が十五万石で入城する。

それまでは外様大名が城主だったが、定行は家康の異父弟松平（久松）定勝の子で、徳川一門の親藩大名である。四国は土佐に山内家、阿波には蜂須賀家と有力外様大名がいたため、自ずから松山藩主の松平家は外様大名を監視する役割が期待されることになった。

松平家も山内・蜂須賀家も転封されることなく、明治維新を迎える。ところが、慶応四年（一八六八）正月の鳥羽・伏見の戦いで松山藩は徳川慶喜方として参戦したため、慶喜と同じく朝敵に転落してしまう。

薩摩・長州両藩を主軸とする新政府は朝敵となった松山藩に向けて、追討軍を派遣する。新政府の一員である土佐藩が向かったが、松山藩は抗戦せずに城を開城した。しばらくの間、松山城と城下は土佐藩の占領下に置かれることになる。

松山城と城下町は戊辰戦争の戦場とならずに済んだが、前年の九月十七日に松山藩の下級藩士の子として城下で生まれたのが正岡常規こと子規であった。

子規、日清戦争への従軍

やがて、土佐藩兵も松山城下から撤退して城下の動揺は収まるが、明治四年（一八七一）七月の廃藩置県により松山藩は消滅し、松山県となる。松山城の解体もはじまった。

廃藩置県の翌年にあたる五年（一八七二）一月、子規は父常尚の隠居に伴い家督を継いだが、三月に父が死去してしまう。正岡家は子規と母の八重、妹の律の三人家族となる。十六年（一八八三）五月、子規は松山中学を中退して東京に出る。東京大学予備門予科（第一高等中学校）を経て、二十三年（一八九〇）九月には帝国大学へ入学した。

帝国大学在学中に、同窓の夏目金之助（漱石）との交友がはじまる。既に句作は開始していたが、身体に異変が起きる。当時不治の病とされた結核に冒されたのだ。二十二年（一八八九）五月九日の夜に大喀血し、子規は余命十年を覚悟する。

二十五年（一八九二）十二月、帝国大学を退学していた子規は母の弟で叔父にあたる加藤恒忠の紹介で、陸羯南が興した日本新聞社に入社する。前月には松山から母と妹を呼び寄せていた。

子規は新聞『日本』で「俳句時事評」を担当した。当時は政府と議会の対立が日常茶飯事となっていたが、その様子を風刺する俳句を作り、批評を加えるという時評であった。『日本』では、松尾芭蕉など俳聖に批判を加えた「芭蕉雑談」も連載している。

二十七年（一八九四）二月、日本新聞社は『小日本』を創刊する。当時の新聞は、政論中心で内容も堅い大新聞と読み物中心の小新聞に大別されていた。『日本』は大新聞、『小日本』は小新聞にあたるが、子規は『小日本』の編集責任者となる。紙面で俳句の投稿を促す一方、子規自身は小説を連載した。

ところが、『小日本』は七月に廃刊となってしまう。文学に特化した新聞だったが、日本と清が開戦寸前の状態にあった時局と合わなかったのかもしれない。

この年の六月二日、時の内閣第二次伊藤博文内閣は朝鮮への出兵を閣議決定し、混成第九旅団八千を朝鮮へ向かわせた。同五日には参謀本部内に大本営が設置される。

八月二日、ついに宣戦詔書（八月一日付）が発せられ、日清戦争が始まった。

新聞も戦争の記事が多くなり、記者たちが次々と戦地へ向かっていった。同じく従軍記者となることを熱望する子規は周囲の反対を押し切り、翌二十八年（一八九五）四月十日に広島の宇品港から大陸へと向かう。

その前に、子規は松山に帰省している。東京から鉄道で広島まで行き、三月十五日に船で松山へと向かった。そして、冒頭に掲げた句を詠む。

結核に冒されているため、余命は幾ばくもないが、戦地に向かう以上、戦死する可能性がある。戦地で病状が悪化し、病死するかもしれない。

子規は生きて帰国できないことも覚悟し、別れを告げるため故郷松山に戻ったのだろう。親藩大名として勢威を誇った在りし日の松山藩を思い浮かべながら、出征基地の広島へと勇躍向かった。

松山での子規と漱石

子規が中国大陸に向かった頃、清との戦争は講和の時を迎えようとしていた。四月十七日、下関で講和条約が締結され、日清戦争は日本の勝利に終わる。

子規は戦地を見学しながら、五月十五日に帰国の途に就くが、船中で喀血するなど病状が悪化する。帰国後は神戸病院に入院し、一時は危篤に陥るが、何とか持ち直した。須磨の保養所で療養した後、八月下旬に松山に戻る。

奇遇にも、松山には漱石がいた。子規の母校松山中学の英語科教員として赴任しており、子規に松山に帰って来るよう勧めたのは漱石らしい。四月に着任したばかりの漱石は松山での生活に馴染めず、孤独感が募っていた。

これを喜んだ子規は漱石の下宿（愚陀仏庵）を訪ね、再会を喜ぶ。八月二十七日のことである。しばらくの間、下宿先の一階に寄寓することになったが、子規のもとに松山の俳人たちが集まりはじめ、その溜まり場となるのは時間の問題だった。

子規が漱石宅に寄寓したのは五十日ほどである。十月十九日、母と妹が待つ東京へと戻る。その後、松山に帰ることはなかった。

東京に戻った後も、子規は松山城をテーマとした俳句をいくつも詠んでいる。

松山の　城を見おろす　寒哉

現存12天守の1つである松山城の大天守

これは明治三十二年（一八九九）の作だが、山頂の松山城から城下を見下ろしたことを思い出して詠んだものである。

当時、子規は日本新聞社に所属しながら俳句雑誌『ホトトギス』を創刊し、俳句の革新運動を活発に展開していた。しかし、子規の病状は回復せず、さらには脊椎カリエスまで発症し、寝た切りの生活を余儀なくされていく。

子規がこの世を去ったのは、明治三十五年（一九〇二）九月十九日のことであった。

◈松山城の解体と復元

廃藩置県後、松山城は建物の解体が進んだ上、明治十八年（一八八五）に二の丸跡に陸軍の病院が建つ。二十一年（一八八八）には三の丸跡も歩兵第二十二連隊の駐屯地となった。子規が訪れた時は、在りし日の城郭が次々と消えつつあった時である。

子規は幻となっていく松山城を惜しむかのように、城をテーマとした俳句を詠み続ける。なかでも、「春や昔　十五万石の　城下哉」は従軍記者として戦地に出発する前に詠んだ句でもあった。

子規の没後も、江戸時代以来の城郭は消え続ける。戦災にも遭った。しかし、戦後に入って松山城の復元作業が精力的に進められた結果、親藩大名として四国で勢威を誇った松山藩の象徴が再現される。幼少の頃に、子規が目にした情景でもあった。

参考文献
坪内稔典『正岡子規』岩波新書、二〇一〇年。

高《こう》知《ち》城《じょう》

なぜ山内一豊は高知城を築いたのか

両刃の剣の河川

防衛上、水堀にせよ空堀にせよ、城に堀は欠かせない。その際には人工的に造成するだけでなく、近くを流れる河川をそのまま堀として利用することも多かった。というよりも、河川の近くに築城する傾向がみられた。河川ありきの築城だった。

所在地	高知県高知市
城郭構造	梯郭式平山城
築城主	大高坂氏?
築城年	南北朝時代(14世紀頃)

河川を堀として利用できれば、その分費用はかからない。しかし、大雨などで河川が増水すれば、城郭や城下町が損害を被る危険性が高かった。河川とは、城にとり両刃の剣に他ならなかった。

高知城もその危険性を孕んだ城であったが、関ヶ原合戦後に土佐の国主となった山内一豊は敢えて高知城を築く。その理由はいったい何か。高知城の築城を通して、江戸時代の治水事情を解き明かす。

長宗我部家遺臣による浦戸一揆

戦国時代、土佐国は長宗我部元親によって統一された。一時期、元親は四国全土を制圧する勢いを示したが、天下統一を進める豊臣秀吉の前に屈服を余儀なくされ、土佐一国に領国を限定される。天正十三年（一五八五）のことである。

長宗我部家の居城は岡豊山に築かれた岡豊城だったが、秀吉に臣従した後、元親は居城の移転を目指す。同十六年（一五八八）に、当時は大高坂山城と称した高知城の築城を開始した。

ちょうど、大高坂山は浦戸湾へと注ぐ複数の河川の結節点に位置していた。要するに水陸交通の要衝だが、築城の際にネックとなったのが城の近くを流れる鏡川である。鏡川は暴れ川として知られ、氾濫すると手が付けられなかった。元親は治水に失敗し、大高坂山城への居城移転を断念する。十九年（一五九一）に、太平洋を臨む浦戸城を居城と定めた。

しかし、長宗我部家が浦戸城を居城としたのは十年にも満たなかった。

慶長五年（一六〇〇）九月十五日、美濃の関ヶ原で徳川家康を盟主とする東軍と石田三成を謀主とする西軍が激突した。関ヶ原合戦で長宗我部家当主の盛親は西軍に属したが、合戦当日は日和見の立場を取る。

戦いが家康の勝利に終わると戦場を離脱して土佐へ帰国したが、家康からは改易の裁定が下ってしまう。そして、遠江国の掛川城主の山内一豊が土佐の新国主として封じられた。

山内家が土佐に入る前に、家康の意を受けた側近の井伊直政は家臣鈴木平兵衛を派遣して浦戸城の接収をはかるが、主家の改易そして山内家の入部に反発する長宗我部家の家臣たちは激しく抵抗する。浦戸城に籠城したのだ。これを浦戸一揆と呼ぶ。

浦戸城のみならず、土佐の各地で激しい戦いが行われたが、やがて一揆は鎮圧される。十二月五日、平兵衛は浦戸城を接収し、同月十一日に一豊の弟康豊へ引き渡した。

ここに、土佐は山内家の領国となったが、長宗我部家遺臣による浦戸一揆は山内家に大きな衝撃を与える。居城移転の動機にもなったのである。

◈新国主山内家による高知城の築城

一豊が家臣たちを引き連れて土佐そして浦戸城に入ったのは、翌六年（一六〇一）一月八日のことである。浦戸一揆で示された山内家への猛反発を念頭に、臨戦態勢での入城だった。

一揆は鎮圧されたものの、依然として国内は動揺を続けていた。遺臣たちの間にも不穏な動きがみられた。農民たちにしても、土地を捨てて山林や他国へと逃亡する動き（逃散と称される）が収まらなかった。

そのため、山内家が国主となっても長宗我部家時代と村に触れ出す法令に変更はないとして帰村を促す一方、武力抵抗に転じそうな動きは徹底的に抑え込む。

同年三月、山内家では土佐入部の祝賀として桂浜で相撲を興行した際、見物していた長宗我部家の遺臣七十三人を捕らえて磔に処す。見せしめとして処刑することで、彼らに威嚇をかけたのだ。

一方、土佐に入った一豊は長宗我部家が築城した浦戸城ではなく、新たに居城を築くことを決める。そして選んだのが、治水に失敗して長宗我部家が居城とすることを断念した大高坂山城だった。

長宗我部家が断念した大高坂山城の居城化に成功すれば、新国主山内家の威信は自ずから高まる。その分、前国主の長宗我部家の威信は弱まり、土佐の支配にプラスになるはずである。

その年の九月より、一豊は築城に取り掛かるが、長宗我部家が苦しんだ鏡川などの治水は当然ながら難工事が予想された。

しかし、ここで成功すれば、統治者としての力量を誇示できる以上、何としても治水を成功させなければならなかった。一豊は築城つまりは土木建築の名手とされた百々綱家を召し抱え、総奉行に任命する。

綱家は岐阜城主織田秀信の家老だったこともあり、輪中堤の技術に通じていた。輪中堤とは、ある特定の区域を洪水から守るため、その周囲を取り囲むように造られた堤防のこと。木曽三川下流の濃尾平野に広がる輪中堤が代表的なものである。

関ヶ原合戦後、西軍に属した織田家は改易され、家老の綱家も浪人の身となった。だが、その才に注目した一豊が山内家に召し抱え、治水が成否を決める大高坂山城の築城工事を任せる。その結果、輪中堤の技術も土佐に伝わっていく。

八年（一六〇三）に本丸と二の丸が完成し、一豊が入城する。鏡川と江の口川の両河川に挟まれた「河中」に築かれたことに因んで、この時に大高坂山の名は河中山《こうちやま》に改称された。だが、依然として鏡川などの氾濫に苦しめられたため、「河中」の字を忌み嫌うようになる。

そのため、十五年（一六一〇）に三の丸が完成して城下町を含めた工事がほぼ完了すると、読みは同じであるものの、河中山は高智山《こうちやま》に改められる。こうして、高知（智）山城つまり高知城の名が歴史に登場してくるのである。

治水技術の活用

山内家は長宗我部家が実現できなかった高知城への居城移転に成功したが、だからといって城郭や城下町が水害から完全に逃れられたわけではない。百々綱家の奮闘により、長宗我部家に比べれば治水に成功したとは言えるものの、台風のため想定を超える増水となれば話は別である。堤防の決壊は防げなかった。

堀としての役割を期待された河川の氾濫に城が苦しめられた事例は、何も高知城に限らない。土佐藩山内家のように、城を守るため堤防建築を進めた藩もある一方で、河川の流路自体を変えてしまった藩もあった。

信濃国の松代藩真田家では、松代城の近くを流れる千曲川の氾濫にたいへん苦しめられる。そのため、何度となく千曲川は改修されるが、寛保二年（一七四二）の水害後には、本丸から北に約七百メートルも川を引き離す大工事が行われている。

こうした大名が有する治水技術は城だけが対象ではない。戦国大名の武田家が築いた信玄堤に象徴されるように、農業生産力を向上させるためにも用いられた。

江戸時代に入ると、もはや大名は合戦で所領を増やせなくなる。そのため、領内の土地開発による農業生産力つまり年貢収入のアップを目指す。新田開発が飛躍的に進む結果となるが、その際には治水が決め手だったのは言うまでもない。

戦国時代以来の江戸時代の高度な治水技術は城を築いたり、あるいは城を守るためだけでなく、農業生産力の安定にも大きく貢献していたのである。

雄藩土佐藩の登場

戦国時代に軍事目的のため活用された治水技術は、江戸時代に入ると農地の開発や維持のため活用される。つまりは、藩の繁栄を下支えする役割を果たした。

山内家の場合は台風などの想定外の事態を除き、高度な治水技術が高知城と城下町を水害から守った。それは土佐の国主としての山内家の威信を高め、城下町を繁栄に導く。土佐藩が雄藩としての実力を蓄積する大きな要因ともなったのである。

参考文献
小和田哲男編『山内一豊のすべて』新人物往来社、二〇〇五年。

名《な》護《ご》屋《や》城《じょう》

なぜ秀吉は名護屋城を朝鮮出兵の前線基地としたのか

巨大城下町の出現

豊臣秀吉による天下統一から二年後にあたる文禄元年（一五九二）、玄海灘を望む海岸縁に新たな城が築城された。朝鮮出兵の前線基地となった肥前名護屋城である。

大坂城に次ぐ規模といわれた名護屋城には、諸国から動員された計

所在地	佐賀県唐津市
城郭構造	梯郭式平山城
築城主	豊臣秀吉
築城年	天正19年（1591）

三十万人余の軍勢が次々と集結した。諸大名は城を取り囲むように周囲三キロ内に陣屋を構えたため、巨大城下町が九州の地に出現した格好だった。

城下に集まってきたのは諸大名とその軍勢だけではない。軍需・生活物資を供給する商人、そして建築工事などに従事する職人も大勢集まり、商人・職人町も形成された。敷地が約十七万ヘクタール、人口も二十万人を超えた名護屋はまさしく日本第二の巨大城下町だったが、江戸時代に入ると徹底的に破壊され、かつての威容を想起させる遺物は残されていないのが現状である。

狩野光信が描いた「肥前名護屋城図屏風」や最近の発掘成果から、在りし日の名護屋城を再現してみる。

九州平定と唐入り

秀吉にとり、朝鮮への出兵とは明（中国大陸）征服の足掛かりであった。まずは朝鮮を服属させ、明征服のための道案内をさせようと目論む。

朝鮮半島を縦断して、明に攻め入ろうとしたのだ。いわゆる「唐入り」である。

秀吉が唐入りを断行したのは天下統一の後だが、それ以前から明征服の構想を開陳していた。関白の座に就いた直後の天正十三年（一五八五）九月に、明まで征服する意思を早くも表明する。その後も何度となく唐入りを表明していた。

実際に征明計画が動きはじめたのは、同十五年（一五八七）の九州平定後である。九州全土を支配する勢いを示していた島津家を降服させたことで、九州を大陸出兵の前線基地とすることが可能となった。

まずは九州平定の論功行賞ということで、信頼の厚い大名や子飼いの大名を九州各地に封じた。小早川隆景に筑前・筑後二郡・肥前二郡、森吉成（毛利勝信）に豊前二郡、黒田官兵衛に豊前六郡、加藤清正と小西行長に肥後半国ずつを与えた。いずれの大名も、朝鮮出兵では渡海部隊として奮戦している。

秀吉は、古くから貿易港として賑わった博多の町の復興にも力を入れる。九州平定戦の折、島津勢により焼き払われたため荒廃していたのだ。秀吉としては、博多を大陸出兵のための兵糧や軍需物資の輸送基地にする目論見があった。

九州平定後、秀吉は関東や東北の平定に着手する。十八年（一五九〇）には小田原城に籠もる北条家を討伐するため諸大名を関東へ向かわせたが、九州をはじめ西国の諸大名の多くは軍事動員の対象外となっている。大陸出兵に備えさせるためだった。

関東に続けて東北も平定して天下統一が完了すると、いよいよ唐入りの運びとなる。当初は翌十九年（一五九一）春の予定であったが、その前に東北で大規模な一揆が起きてしまう。東北平定の戦後処置として、秀吉は葛西・大崎家を改易して家臣の木村吉清を新領主に据えるも、両家の遺臣がこれに反発したのである。

その平定に時間を要した上、側室淀殿が産んだ世継ぎの鶴松が早世したこともあり、大陸つまり朝鮮出兵は一年遅れの文禄元年からということになった。

名護屋城築城

想定外の事態により、秀吉の征明計画は一年先送りとなったが、もう一つ計算違いが生じる。服属すると思い込んでいた朝鮮が服属を拒絶し、明征服のための道案内にも応じなかったからだ。朝鮮との交渉が決裂した結果、明征服の前に朝鮮半島を武力で制圧（朝鮮出兵）しなければならなくなる。

十九年八月、秀吉は翌年三月一日を期して朝鮮へ出兵すると表明する。甥の秀次に関白としての邸宅である聚楽第を譲り、国内の政治は秀次に任せて自身は征明計画に専念しようと目論む。十二月には関白職を秀次に譲り、以後は前関白の尊称である太閤と呼ばれた。

秀吉は自ら渡海するつもりだったが、それに先立ち九州に御座所が造営される。小西行長や毛利吉成たちが踏査した結果、肥前名護屋に御座所すなわち名護屋城の築城が決まる。

玄界灘に面した名護屋ならば、兵員や物資を輸送する船は近くの壱岐や対馬に寄港しつつ、朝鮮半島の釜山へ最も安全に上陸できた。最短距離で上陸できるメリットがあった。さらに、名護屋浦の水深、給水の便、築城のための石材確保という観点からも最適と判断され、渡海の前線基地として築城の運びとなる。

十九年十月から、浅野長政を総奉行、黒田官兵衛を縄張り奉行とし、九州の諸大名を動員して名護屋城の普請は開始された。日本軍が渡海を開始するのはそれから半年後であり、突貫工事で築城されたが、秀吉の直轄領では前年より大量の瓦が作られている。築城に先行して、城の屋根に葺く瓦が準備されたのだ。

だが、いかに突貫工事が敢行されたとはいえ、半年程度では名護屋城ほどの巨城の築城はさすがに無理だった。「肥前名護屋城図屛風」（六曲一双）にも描かれているように、城は五層七階の天守を持つ本丸、二の丸、三の丸、山里丸、遊撃丸、弾正丸から構成された。弾正丸は文禄元年七月以降に工事が開始されている。秀吉が名護屋城に入ったのは同年四月二十五日のことであった。

秀吉の居住空間だった山里丸などは、母大政所の死（文禄元年七月）を受けて秀吉が上洛している間に完成する。朝鮮出兵の最中も、名護屋城の工事は継続されたのである。

◈豪壮な大名邸宅や商人・職人町が立ち並ぶ城下町

天正二十年（文禄元年）正月五日の軍令を受け、名護屋城の周囲には軍勢を率いて出陣した諸大名の陣屋が広がっていた。渡海した諸大名と名護屋に在陣した大名に大別できるが、陣屋の数は合わせて約百三十にも及んだ。各陣屋の様子は「肥前名護屋城図屛風」に描かれているが、同屛風からは諸大名がどの場所に陣を構えていたかも判明する。

陣屋とは臨戦状況に応じて設けられる軍事拠点であり、仮の施設としてのイメージが強い。ところが、名護屋城下の場合は、八千の兵を率いてきた前田利家クラスの有力大名になると、その広さは十万平方メートルを超えた。仮施設どころではなく、本格的な城郭の構えを取っていたことは屏風絵からも明らかである。

全体を総石垣にする大名の陣屋も数多くみられた。屏風絵によると、敷地の周囲を石垣や土塁で囲むだけでなく、空堀で区画された陣屋（徳川家康）。楼閣風の櫓や殿舎まで造られた陣屋（羽柴秀保）もあった。

堀秀治の陣屋跡からは能舞台の遺構まで発掘され、茶室や庭園の存在も確認されている。陣屋というよりも邸宅と表現した方が正確だ。

城の周囲に設けられた諸大名の陣屋はおのづから城下町を形成する格好になっていたが、集住したのは武士だけではない。商工業者も集まり、商人町や職人町が生まれていった。

武具や兵器を扱う兵庫屋町、呉服染物を扱う茜屋町を中心に、材木町・塩屋町・石屋町・刀町・板屋町・魚町などが広がっていた。京都・大坂・堺から群集した商工業者が手広く商売を展開したため、城下は大いに賑わう。望みの品は何でも手に入るほどだったという。男性ばかりの軍事都市であったことから、お約束のように遊女屋も軒を連ねていた。

名護屋在陣中、秀吉や諸大名は茶会や能、連歌などを楽しんだ。秀吉は城内の山里丸に草庵の茶室を造ったが、秀吉の代名詞の一つになっている黄金の茶室とは対照的に、「侘び・さび」を堪能できる趣向になっていた。

名護屋城破却

名護屋城を前線基地とした日本軍（九軍で総勢十五万余）の第一軍が釜山城を包囲したのは、文禄元年四月十二日のことである。文禄の役のはじまりだ。上陸後の日本軍は快進撃を続ける。五月三日には首都漢城を陥落させ、さらに北上する。一時は朝鮮全土を制圧する勢いを示した。

四月二十五日に名護屋城に入った秀吉は連戦連勝の報に気を良くし、渡海の準備を急がせたが、やがて戦況は悪化する。戦線が拡大して兵糧の補給が不十分になっていたことに加え、朝鮮半島の人々の激しい抵抗に遭ったからだ。明も朝鮮に援兵を送っ

切り崩された石垣。破却の理由は明らかではない

てきたため、戦況は日増しに悪化する。

結局、秀吉は渡海できないまま名護屋城を去る。明との講和交渉も開始されたが、決裂する。慶長二年（一五九七）二月から名護屋城を前線基地として再度の朝鮮出兵（慶長の役）が開始されるが、渡海部隊は苦戦を強いられた。翌三年（一五九八）八月の秀吉の死を契機に日本へ引き揚げ、朝鮮出兵は終わった。

豊臣家に代わって家康が天下人として幕府を開くと、豊臣家を連想させるものは幕府により消されていく。秀吉が築城した名護屋城も例外ではなかった。廃城にとどまらず、徹底的に破壊される。

狩野光信により描かれた「肥前名護屋城

図屏風」や平成五年（一九九三）に開館した佐賀県立名護屋城博物館だけが、幻の城となった名護屋城の威容を今に伝えている。

参考文献
高瀬哲郎『名護屋城跡』同成社、二〇〇八年。

原《はら》城《じょう》

なぜ島原の乱で
キリシタンが籠もったのか

潜伏キリシタン

平成三十年（二〇一八）六月、「長崎と天草地方の潜伏キリシタン関連遺産」が世界文化遺産に登録されることが決定した。潜伏キリシタンとは、江戸幕府によりキリスト教の信仰が厳禁されるなか、長崎と天草地方で独自に信仰を続ける方法を模索した人々のことである。

所在地	長崎県南島原市
城郭構造	梯郭式平山城
築城主	有馬貴純
築城年	明応5年（1496）

キリスト教が厳禁される最大の契機となった事件が、島原の乱だったのは言うまでもない。よって、島原や天草の農民たちが籠城した肥前国原城の跡地は世界文化遺産の構成資産にもなっているが、彼らはなぜ原城に籠もったのか。

島原の乱の背景と展開を追うことで、原城に籠もった理由を探る。

島原・天草一揆と天草四郎

島原の乱という名称が広く知られているが、原城に籠城したのは肥前国島原半島の農民だけではない。島原から海を隔てた肥後国の天草島の農民も立て籠もった。そのため、学界では「島原・天草一揆」と呼ぶのが通例である。

かつて島原・天草地方はキリシタン大名が支配していたことから、キリスト教に入信する農民も多かった。いわゆるキリシタンである。

島原は有馬晴信、天草は小西行長といったキリシタン大名が支配したが、有馬家の転封や小西家の改易を受けて、島原には大和国五条から松倉家が移封され、天草は唐津藩主寺沢家の支配地となった。

島原の乱のきっかけとなった島原藩主松倉家の苛政をみていこう。

有馬家は島原半島の日野江城を居城とし、原城を支城としていた。松倉家は両城を廃城とし、新たに島原城を築城するが、それには莫大な費用を要した。そのため、四万石の収穫高しかないにもかかわらず、検地によって十万石（後に十三万石弱）の収穫が可能と見積もり、年貢を厳しく取り立てる。新たな税も賦課した。

よって、重税にあえぐ領民の間に松倉家への不満が充満していく。また、幕府のキリスト教禁止の方針を受け、同家はキリスト教の信仰を捨てることも領民に強く求めていた。止むなく領民は棄教したが、信仰を完全に捨てたわけではなく、潜伏キリシタンとして密かに信仰を続けた。そうした事情は、唐津藩が支配する天草でも同じだった。

寛永十四年（一六三七）十月二十三日頃、島原藩領民の三吉と角内がキリシタンが礼拝する絵を天草から持ち帰り、農民を集めてキリシタンへの立ち返りを促した。二人は天草四郎のもとでキリシタンとなり島原に戻ってきたが、その日だけで七百人以上もキリシタンに立ち返ったという。これが島原の乱の直接の導火線となる。

小西行長の遺臣益田甚兵衛の子として生まれた天草四郎こと益田時貞は、島原・天草一揆が起きた時は十五、六歳であった。当時、デウスの再誕と噂された四郎は、様々な奇跡を起こすと島原や天草の潜伏キリシタンの間では噂されていた。その噂が潜伏キリシタンたちをして、一斉にキリシタンへと立ち返らせたのである。

◆原城籠城戦はじまる

領民がキリシタンに続々と立ち返ったことを知った島原藩は、同二十四日に三吉と角内を島原城に連行するが、農民たちはこれに猛反発する。翌二十五日、代官の林兵左衛門を殺害し、蜂起した。

島原・天草一揆のはじまりである。

島原藩による重税やキリシタン弾圧への反発を背景に、一揆勢は雪だるま式に膨れ上がる。鉄砲や弓・刀で武装した農民たちの数は総勢二万を超えた。二十六日より、島原城に籠城する藩士たちと激闘を繰り広げる。

二十七日頃からは、天草でも一揆が起きた。十一月十四日には天草に渡った島原の一揆勢と合流し、唐津藩士たちが籠もる富岡城に押し寄せた。

しかし、島原・天草の両一揆勢は島原城も富岡城も陥落させることができなかった。その頃には、幕府から鎮圧の命を受けた近隣諸藩の藩兵が島原と天草に迫っており、態勢の立て直しが急務となっていた。

よって、両一揆勢は原城に籠城することを決める。十二月一日のことであった。原城は松倉家により廃城とされたが、実は破壊されたのは外観のみで、補強すれば籠城戦に十分に耐え得る城郭だった。

島原湾に突き出た標高三十メートルほどの高台に築かれた原城は断崖絶壁を背にした要害の地に立っており、まさしく守るに易く攻めるに難い城であった。本丸、二の丸、三の丸、天草丸、出丸から構成された巨大な城郭でもあり、近隣諸藩による城攻めはたいへんな苦戦を強いられる。

原城に籠もった一揆勢の総大将は、天草から島原に渡ってきた天草四郎。総勢三万七千人余。島原藩の蔵から兵糧や武器弾薬を奪い、鎮圧軍を迎撃する態勢を着々と整えた。

一方、一揆勃発の報に接した幕府は、十一月九日、上使として板倉重昌と石谷貞清の派遣を決め、近隣諸藩に出兵を命じた。現地に到着した板倉の指揮のもと、十二月十日より島原藩松倉家・佐賀藩鍋島家・久留米藩有馬家・柳川藩立花家からなる鎮圧軍五万は原城への総攻撃を開始する。

ところが、第一回総攻撃は失敗に終わる。一揆勢の頑強な抵抗に加え、鎮圧軍の足並みの乱れが理由であった。幕府の上使とはいえ、板倉は一万石ほどの小大名に過ぎない。その身上を十倍以上も上回る諸大名としては、板倉の指示を素直には受け入れ難かった。松倉家にしても四万石の大名である。

そのため、二十日の第二回総攻撃も失敗する。翌十五年（一六三八）元日の第三回総攻撃では板倉までも戦死してしまう。

◈原城陥落

正月四日、老中松平信綱と相役の美濃大垣藩主戸田氏鉄が江戸から現地に到着した。当初、幕府は佐賀・久留米・柳川藩など近隣諸藩の力で鎮圧できると楽観視し、戦後処理のため信綱を派遣したが、三度にわたる総攻撃は失敗に終わり、上使として派遣した板倉も戦死するという想定外の事態に陥る。

第三回総攻撃の失敗後に現地に入った信綱は、態勢の立て直しをはかる。諸藩との軍議で持久戦の方針を決め、九州はもちろん西国諸藩にも出兵を命じた。総勢十二万人余の大軍をもって原城を十重二十重に取り囲み、兵糧攻めにかける。

十一日には、オランダ商館長に命じて肥前平戸港に来航していたオランダ船に海上から砲撃させた。外国の力まで借りて一揆を鎮圧しようとした信綱に対し、籠城中の一揆勢はもとより、味方の諸藩からも批判が噴出する。

砲撃は中止に追い込まれるが、オランダ人が信綱の命により砲撃にあたったことは、幕府のオランダへの印象を決定付ける。いわゆる鎖国後に、ヨーロッパ諸国では唯一オランダと外交関係を維持する理由の一つになったことは否めない。

キリスト教への厚い信仰心に基づき、原城に籠もる一揆勢の結束は強かったが、正月末頃から、兵糧攻めの効果が出てきた。補給路が断たれたことで、兵糧や弾薬が不足しはじめ、二月に入ると城から脱走する農民も出てくる。二月半ばには、兵糧はほぼ尽きた。

これを待っていた信綱は総攻撃を決意する。二十八日を総攻撃の日と定めたが、前日の二十七日午後に佐賀藩が攻撃を開始してしまう。それを抜け駆けとみた諸藩も戦闘を開始したため、予定が早まり、夕方から総攻撃が始まる。

翌二十八日の昼前まで続いた総攻撃により、一揆勢は総大将天草四郎以下ほぼ全滅する。女性や子供も例外ではなく、犠牲者の数は二万七千人余にのぼった。近年原城跡の発掘調査が行われて大量の人骨が発見されたが、その時の遺体と推定されている。一方、鎮圧軍の損害も大きく、一万人を超える死傷者を出した。

一揆鎮圧後、島原藩主松倉勝家は改易となり、斬首に処せられた。天草を支配していた唐津藩主寺沢堅高も天草を没収され、後に改易となる。

原城は石垣も含め、徹底的に破壊される。島原・天草一揆こと島原の乱の記憶を何としてでも消し去ろうという幕府の強い意志の表れであった。

踏絵と鎖国の完成

島原の乱は、幕府にキリシタンの脅威を思い知らせる結果となった。

幕府はキリシタン禁制を強化し、キリシタンの訴人を褒賞する旨の高札を全国に掲示していく。併せて潜伏キリシタンの摘発を強化し、宗門改めも実施した。マリア像やキリスト像を刻んだ銅板を踏ませ、キリシタンではないことを証明させたのだ。踏絵である。

さらに、キリスト教宣教師の日本侵入を防ぐため、その手引きをしていたポルトガル人の来航を禁止した。これにより、鎖国も完成する。

しかし、その後も潜伏キリシタンは命脈を保つ。そして、明治六年（一八七三）のキリスト教解禁の時を迎えるのである。

参考文献

神田千里『島原の乱』中公新書、二〇〇五年。

281　原城

熊《くま》本《もと》城《じょう》

なぜ西南戦争では籠城に成功したのか

加藤清正による築城

日本の三名城の一つに数えられることもある熊本城は、城造りの名人とうたわれた加藤清正により築かれた。江戸開府から四年後にあたる慶長十二年（一六〇七）のことである。

江戸時代は戦火に巻き込まれることはなかったが、明治に入ると、

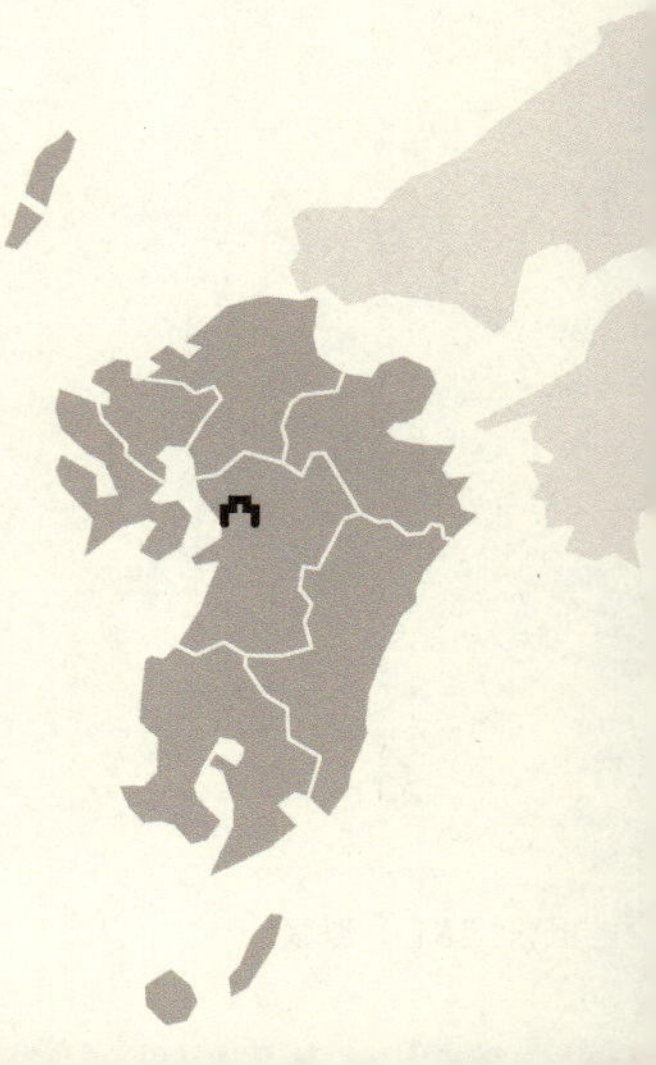

所在地	熊本県熊本市
城郭構造	梯郭式平山城
築城主	出田秀信（千葉城）、鹿子木親員（隈本城）
築城年	文明年間（1469－87）頃

一転戦場となる。日本史上最後の内戦・西南戦争では、西郷隆盛率いる鹿児島県士族の猛攻を受けた。

しかし、熊本城に籠もった熊本鎮台の将兵はその熾烈な攻撃を凌ぎきる。西南戦争での政府軍勝利に大きく貢献するが、なぜ熊本鎮台は籠城戦に勝利したのか。

この熊本城籠城戦を通して、西郷が西南戦争に敗れた理由に迫る。

◈西郷軍、熊本へ進軍

加藤清正の息子忠広の代に、豊臣恩顧の大名だった加藤家は改易に処せられ、代わって豊前小倉城主の細川忠利が肥後熊本城に入った。明治四年（一八七一）の廃藩置県まで、熊本城は細川家の居城であった。

廃藩置県後、熊本城内には鎮台が置かれる。鎮台とは全国に配備された政府軍のことで、西南戦争時には全国に六鎮台が置かれていた。

九州では、熊本城内に鎮台司令部が設置される。熊本鎮台である。

同六年（一八七三）に公布された徴兵令で、身分にかかわりなく満二十歳以上の男子に兵役の義務が課されることになった。従来は武士により軍隊は編成されたが、ここに国民皆兵制による政府軍が編成される。

しかし、鎮台兵の質は劣っていた。それまで戦場に出ることはなかった農民が鎮台兵の主力だったからである。そのため、武士改め士族からはたいへん軽視される。

廃藩置県後、西郷は筆頭参議として政府のリーダー格となるが、朝鮮への使節派遣をめぐって盟友の大久保利通たちと激しく対立する。政争に敗れた西郷は政府を去り、鹿児島へ戻った。明治六年の政変、いわゆる征韓論政変だ。

その後、佐賀の乱をはじめ政府に不満を持つ士族の反乱が各地で頻発する。九年(一八七六)十月には熊本でも神風連の乱が勃発したが、翌十年(一八七七)正月には鹿児島に飛び火し、鹿児島県士族(旧薩摩藩士)が西郷を奉じて決起する。その数は、総勢一万六千人にも及んだ。

二月六日、西郷たちは作戦会議を開いた。長崎で政府の軍艦を奪取して東京や大阪を突く、熊本・長崎・大分の三方面から陸路進軍する案などが出されたが、全軍をもって鎮台が置かれていた熊本城へ向かうことに軍議は決する。

熊本鎮台の司令長官は旧土佐藩士の谷干城。参謀長は旧薩摩藩士の樺山資紀だったが、西郷軍は戦況を楽観視していた。西郷が進撃すれば、政府にとどまった元薩摩藩士たちも駆け付けてくる。政府に不満を持つ他県の士族たちも集まってくる。そもそも、農民出身の兵士を基幹とする熊本鎮台など恐れるに足らない、と。

そうした甘い読みが西郷たちをして全軍で陸路熊本へ進撃する案を採らせたが、それが西南戦争敗北の大きな原因となることはこれから述べていくとおりである。

天守閣炎上

二月十五日に西郷軍が鹿児島を出陣して大挙北上を開始したとの報を受けた政府は、十九日に征討令を発する。征討総督は、戊辰戦争では西郷の上官で東征大総督だった有栖川宮熾仁親王。陸軍卿の山県有朋、海軍大輔の川村純義が参軍として有栖川宮を補佐したが、政府は征討令に先立ち、既に西郷軍の鎮圧準備に着手していた。

西郷軍の進撃開始以前の同月十一日、士族出身の巡査（ポリス）から編制された六百人の警視隊が横浜から九州へ向かった。近衛兵や東京鎮台の主力も神戸に進ませ、大坂鎮台には待機を命じた。出兵準備である。十四日、熊本鎮台には熊本城死守を命じる。

二十日、熊本鎮台への援軍として第一・第二旅団が神戸を出発し、海路九州へと向かった。第一・第二旅団とは天皇直属の近衛兵、東京・大坂鎮台所属の兵士を野戦用に再編成した部隊で、征討軍の主力となる。二十二日に、両旅団は博多への上陸を完了した。

一方、西郷軍による熊本城への攻撃は、前日の二十一日からはじまっていた。政府に不満を持つ熊本県士族もこれに加わる。

西郷軍のうち五千人ほどが熊本城攻城戦に参加したが、籠城の鎮台兵は約三千五百人。西郷軍による熾烈な攻撃の前に鎮台側は損害が続出するが、士気は非常に旺盛だった。

攻撃に先立ち、熊本鎮台には陸軍大将でもある西郷の名で次のような趣旨の文書が送られていた。西郷軍が熊本城下を通行する際、兵隊は整列してその指揮を受けるように。

だが、あたかも降服勧告のような内容に司令長官の谷や参謀長の樺山は激怒し、籠城による徹底抗戦の意思を固める。それは政府からの命令でもあった。

そして、城下町を自ら焼き払う。城下に建物があると、攻城側の西郷軍の拠点となるからだ。城下は火の海となるが、十九日に城内で変事が起きる。天守閣が焼け落ちてしまったのだ。鎮台側による自焼、失火、西郷軍による放火の可能性が取沙汰され、今もなお真相は分からないが、鎮台側が死守の覚悟をより高めたことだけは確かであった。

二十二日より、西郷軍は熊本城に対して本格的な攻勢に出る。西郷軍は一気に攻め落とす構えで強襲に出たため、防戦にあたった参謀長の樺山まで重傷を負うが、その攻撃は統一が取れておらず、各隊がバラバラに行っているだけだった。鎮台兵を甘くみた攻撃方法であることは否めなかった。

鎮台側の奮戦も相まって、結局西郷軍は城内に攻め入ることができなかった。翌二十三日も攻撃を続行したが、戦況は変わらず、強襲による速攻を断念する。

鎮台側だけでなく攻め手の西郷軍の死傷者も増えており、これ以上攻城戦で損害を増やすわけにはいかなくなったのである。さらに、博多への上陸を完了した征討軍が熊本城に向かいつつあった。西郷軍としては、これほど早く政府軍が迫ってくるとは想定していなかった。

熊本城にこだわっている間に、政府に鎮圧態勢を整えさせる時間を与えてしまったことが、戦略的にみると西郷軍敗北の最大の理由となる。

政府軍、熊本入城

西郷軍は熊本城を包囲したまま、主力を北上させる。田原坂に陣地を構築し、迎撃の態勢を取った。三月四日より、西南戦争最大の激戦として知られる田原坂の戦いがはじまるが、その頃鹿児島では異変が起きていた。

三月七日、勅使柳原前光が軍艦四隻のほか護衛兵二千人を率いて、海路鹿児島に入ったのである。西郷軍は主力が熊本に出払っており、鹿児島の守りはたいへん手薄だった。その隙を突かれた格好である。

さらに、柳原を護衛してきた将兵二千は別働第二旅団として西郷軍の背後を突くことになった。西郷は南北から挟撃される事態に追い込まれる。

田原坂では、両軍の激しい戦いが連日続いた。補給ははるかに勝った政府軍だったが、西郷軍の白刃突撃には苦しめられる。

そのため、警視隊から剣の達人を選抜して抜刀隊を結成させた。十四日より戦線に投入された抜刀隊は、田原坂の戦いで政府軍の勝利に大きく貢献する。三月二十日の総攻撃により田原坂は陥落するが、西郷軍は新たな防衛線を構築して政府軍のさらなる攻撃に備えた。だが、その防衛線が突破されるのは時間の問題だった。

征討軍は南北から西郷軍の包囲下にあった熊本城に迫ったが、城内は食糧が欠乏していた。よって、征討軍は四月十二日より作戦を開始し、十四日に別働第二旅団が城内への突入に成功する。

作戦計画では十五日に突入予定だったが、抜け駆けのような形で別働第二旅団の右翼を指揮していた陸軍中佐山川浩が城内に突入したのである。

山川は元会津藩士だが、戊辰戦争の折、政府軍が包囲する会津若松城への入城に成功した戦歴があった。会津伝統の獅子舞いである彼岸獅子に扮した農民を先に進ませ、その踊りと音楽に政府軍が引き付けられている間に、一気に城門に向かって突進して入城を果たす。

熊本城を包囲していた西郷軍は囲みを解き、退却していった。約五十日ぶりに熊本城は解放された。

◆日本史上最後の籠城戦

熊本鎮台が籠城戦を戦い抜き、西郷軍が攻城を断念して退却したことで、西南戦争の大勢は決した。以後、西郷軍は敗走を重ね、城山で最後の時を迎える。

熊本鎮台が籠城戦に勝利したのは鎮台兵の必死の防戦もさることながら、西郷軍の見通しの甘さに尽きるだろう。西郷が挙兵すれば政府に不満を持つ士族が続々と集まってくる。農民出身の兵士を基幹とする熊本鎮台など恐れるに足らないと戦局を楽観視したことが、敗れた最大の理由だった。

自軍を過信して鎮台兵を甘くみた結果、各隊がバラバラに攻撃する方法を取って攻城に失敗する。その結果、政府に鎮圧態勢の構築を許す時間を与えてしまった。

そうした裏事情はあったものの、熊本城籠城戦は日本式の城郭が軍事上の意義を充分に果たした最後の戦いになったのである。

参考文献
安藤優一郎『西郷どんの真実』日経ビジネス人文庫、二〇一七年。

首《しゅ》里《り》城《じょう》

なぜ本土の城と構造が違うのか

世界文化遺産となった首里城跡

沖縄の観光名所の代表格・首里城には、昭和二十年（一九四五）の沖縄戦で灰燼に帰した悲しい歴史がある。しかし、平成四年（一九九二）に沖縄の本土復帰二十周年を記念して復元された。同十二年（二〇〇〇）には「琉球王国のグスク及び関連遺産群」が世界文化遺産に

所在地	沖縄県那覇市
城郭構造	山城
築城主	不明
築城年	14世紀末（推定）

登録され、首里城跡も世界遺産のグスク(城)の一つに選ばれた。

一見して、首里城をはじめとするグスクは本土の城とは構造が異なる。沖縄というよりも琉球王国が辿ってきた歴史が反映された構造なのである。

約四百五十年に及ぶ琉球王国の歩みを振り返ることで、首里城に象徴される琉球文化の特徴を解き明かす。

グスクの構築と琉球王国の誕生

グスクとは、十三世紀から十六世紀後半にかけて奄美大島から八重山諸島までの南西諸島で築かれた城のことである。その数は三百~四百にも及んだが、一口にグスクと言っても、城塞・倉庫・聖域などの用途がみられた。必ずしも軍事施設とは限らなかった。

グスクは丘陵の先端部や尾根に立地し、地形を巧みに利用して築かれた。石垣や土塁などで周囲がめぐらされたため、本土の城に類似するが、石垣については百~百五十年以上も早かった。本土に先行して石垣造りの城郭が登場していたことになる。

グスクが南西諸島の各地に築かれた時期は、農業と東アジア諸国との貿易で得た富をもって各地で割拠した「按司」という豪族たちが、貿易の利権や所領の拡大をめぐり互いに激しく争っていた時期にあたる。本土に先立ち、沖縄は戦国時代に突入していた。

そんな群雄割拠の戦国時代に、按司たちのなかで版図を拡大させた三大勢力が台頭してくる。沖縄本島北部の今帰仁城を居城とする「北山」、最初は浦添城、次いで首里城を居城とした本島中部地域を支配する「中山」、そして南部の大里城を居城とする「南山」の三大勢力だ。この時代は三山鼎立時代と呼ばれている。

三山の王は中国の明王朝にそれぞれ朝貢し、山北王、中山王、山南王の称号を与えられた。そして三つ巴の戦いを演じたが、最終的に三山を武力で統一したのは「南山」で佐敷按司を勤めていた尚巴志という人物である。

尚巴志は「中山」を制圧して父の尚思紹を中山王に就け、居城を浦添城から首里城に移した後、永享元年（一四二九）に統一を完了する。ここに、沖縄最大のグスクである首里城を居城とする琉球王国が誕生した。

これを第一尚氏王統と呼ぶが、やがて内部抗争が激しくなり、家臣の内間金丸によって第一尚氏王統は滅ぼされてしまう。文明元年（一四六九）、金丸は自らを尚円王と称し、以後は第二尚氏王統の時代となる。

第二尚氏王統は、沖縄本島のみならず奄美から与那国島まで支配下に置き、版図を大いに広げた。その一方、各地でグスクを構えて割拠していた按司たちを首里城下に集住させ、武器を取り上げてしまう。

本土の戦国大名が家臣を城下町に集住させて所領から引き離し、その自立性を奪おうとしたことと同じだ。首里城下への集住には、按司が反旗を翻さないようにという狙いが秘められていた。

こうして、琉球の王都首里は首里城を中心に王族や貴族の居宅や民家が立ち並ぶ城下町として繁栄を遂げることになる。

海洋貿易と建築文化

首里城は海洋貿易の拠点である那覇港を見下ろすように立っていたが、古来、琉球は貿易を通じて日本や中国との関係が非常に深かった。

琉球王国は馬や硫黄などを除いて国内の産物に乏しかったものの、日本・朝鮮・東南アジア諸国との貿易活動により国力を充実させる。特に明との貿易により多大な利益を挙げ、海洋王国として発展した歴史を持つ。明から支給された大型のジャンク船を駆使し、いわば国営事業として貿易に参画していたのである。

ただし、貿易といっても中継貿易という形態だった。輸入した物資をそのまま転売のような形で再輸出している。

明からは陶磁器や絹織物を得て日本や東南アジアに販売し、日本からは刀剣などを得て明などに販売し、東南アジアからは香木や象牙などを得て日本などに販売したのだ。グスクの発掘調査でも、中国産の陶磁器のほか、日本や朝鮮、東南アジアの産物が出土している。これらの出土品とは、中国そして日本・朝鮮・東南アジア諸国との活発な貿易活動の様子が窺える遺産に他ならない。

当時、首里城には琉球の精神を記した「万国津梁」の鐘が掲げられていた。万国津梁とは、琉球は船をもって橋とし、万国の架け橋となるのだという意味だ。

貿易を通じての中国や日本との交流は、琉球の文化に大きな影響を与えた。首里城に象徴される建築文化も両国の影響を受けている。

本土の城郭とは構造が異なる首里城の正殿

首里城の敷地は約四・二ヘクタールで、大小十二の石造門があった。中央には西向きの正殿が立ち、正殿に向かって南側に南殿と番所、北側に北殿が立つ配置だ。いずれの建物も中国や日本の建築文化の影響を受けているとされるが、朱塗りや龍の装飾は中国の建築文化の特徴である。

そして、正殿の中央部分は「唐玻豊」と呼ばれ、弓なりにカーブした装飾板となっていた。その屋根や壁にも龍が数多く描かれ、同じく中国文化の影響がみてとれるが、装飾板自体は「唐破風」という日本の寺社で取り入れられた建築スタイルと同じだった。

中国や日本との交流を受けて、双方の建

築様式の特徴を折衷融合した独特の建築スタイルが琉球各地で生まれたわけだ。琉球国王の居城である首里城は、その象徴的な建築物なのである。

このように、中国や日本の建築様式を折衷融合させたことが琉球の建築文化の特徴だった。首里城をはじめとするグスクの構造が本土の城と異なる理由にもなっていた。

◈薩摩藩による支配

琉球王国は中継貿易により海洋国家として発展を遂げたが、王国誕生からちょうど百八十年目にあたる慶長十四年（一六〇九）に、その歴史を大きく変える出来事が起きる。

琉球が対明貿易で莫大な利益を挙げた背景としては、朝貢関係を通じて大型ジャンク船の提供を受けるなど様々なメリットを享受できたことが挙げられるが、かつては薩摩の島津家にも外交使節を派遣していた。よって、明との貿易を志向していた島津家すなわち薩摩藩は仲介役を琉球王国に依頼するが、琉球は仲介役を拒否する。薩摩藩はそれを理由に、江戸幕府の許可も得て琉球への出兵に踏み切る。

同年三月四日、薩摩勢は鹿児島を出立した。同月二十五日に沖縄本島に上陸。四月三日より、首里城への攻撃を開始した。翌四日には琉球勢に勝利を収め、国王尚寧たち約百名を捕虜とする。

幕府は琉球平定の報を受け、島津家による琉球支配を認める。琉球は薩摩藩の支配下に入り、那覇には在番奉行が置かれたが、その後も表向き独立国の形態を取らせている。朝貢貿易による莫大な利益に薩摩藩が注目していたからだ。

琉球が薩摩藩の支配下にあることが明に知れれば、貿易は中止に追い込まれる。それを回避するため、薩摩藩は琉球を独立国すなわち明の朝貢国のままとしたのである。そして、那覇常駐の在番奉行をして朝貢貿易に参画させ、明から輸入した生糸や絹織物を手に入れる。明が滅亡して清が誕生すると、今度は琉球をして清に朝貢させた。琉球つまり薩摩藩は清との朝貢貿易を通じて、引き続き中国産の生糸や絹織物を手に入れる。

薩摩藩の支配下にありながら、朝貢国としての立場を維持することで琉球王国は明・清との貿易を明治初年まで続けることができたのである。

◈琉球藩から沖縄県へ

江戸幕府が倒れて明治政府が誕生すると、表向き独立国だった琉球王国は改めて日本の政府の支配下に入り、琉球藩が置かれた。明治五年（一八七二）のことである。琉球藩となった後も、琉球王国として清に朝貢を続けていたが、十二年（一八七九）に政府は琉球藩を廃して沖縄県を置く。八年遅れの廃藩置県だった。

ここに、四百五十年にも及んだ琉球王国の歴史は幕を閉じる。首里城も政府に接収されたのである。

参考文献
『沖縄県の歴史』山川出版社、二〇〇四年。

本書は書き下ろしです。

日経ビジネス人文庫

30の名城《めいじょう》からよむ日本史《にほんし》

2018年12月 3 日　第1刷発行
2024年12月19日　第2刷（新装版1刷）

著者
安藤優一郎
あんどう・ゆういちろう

発行者
中川ヒロミ

発行
株式会社日経BP
日本経済新聞出版

発売
株式会社日経BPマーケティング
〒105-8308 東京都港区虎ノ門4-3-12

ブックデザイン
鈴木成一デザイン室

本文 DTP
マーリンクレイン

印刷・製本
大日本印刷株式会社

Printed in Japan　ISBN978-4-296-12407-7

本書籍に関するお問い合わせ、ご連絡は下記にて承ります。
https://nkbp.jp/booksQA